每个人都能集中注意力

[日]州崎真弘 著 蒋丹丹 译

中学受験に合格する集中力の育て方

小学生
学习习惯养成书

提升
专注力

中国纺织出版社有限公司

原文书名：中学受験に合格する集中力の育て方
原作者名：州崎 真弘
Chugakujuken ni Goukakusuru Shuchuryoku no Sodatekata
Copyright © Masahiro Suzaki 2019
All rights reserved.
First original Japanese edition published in 2019 by ASA Publishing
Co.,Ltd. Japan t
Chinese (in simplified character only) translation rights arranged with
ASA Publishing Co.,Ltd. Japan.
 through CREEK & RIVER Co., Ltd. and CREEK & RIVER
SHANGHAI Co., Ltd.
日版工作人员名单
Illustrated by Taihei Namikawa
著作权合同登记号：图字：01-2021-2330

图书在版编目（CIP）数据

　　小学生学习习惯养成书：提升专注力／（日）州崎
真弘著；蒋丹丹译. ––北京：中国纺织出版社有限公
司，2021.9
　　ISBN 978-7-5180-3467-3

　　Ⅰ．①小… Ⅱ．①州… ②蒋… Ⅲ．①小学生—学习
能力—能力培养 Ⅳ．①G622.46

中国版本图书馆CIP数据核字（2021）第086865号

策划编辑：邢雅鑫　　　责任编辑：张 羽
责任校对：高 涵　　　　责任印制：储志伟

中国纺织出版社有限公司出版发行
地址：北京市朝阳区百子湾东里A407号楼　邮政编码：100124
销售电话：010—67004422　传真：010—87155801
http://www.c-textilep.com
中国纺织出版社天猫旗舰店
官方微博 http://weibo.com/2119887771
天津千鹤文化传播有限公司　　各地新华书店经销
2021年9月第1版第1次印刷
开本：880×1230　1/32　印张：6
字数：68千字　定价：39.80元

开始阅读本书之前……

下一页有两个简单的数字问题，规定时间各为1分钟，你能全部答对吗？

问题1

横排、竖排、对角线三个数相加，得数相同，那么×处应该填入哪个数字呢？

8		6
×	5	

（提示：方格里包括数字1~9）

1分钟

○里应该填入哪个数字?

99 45 39 36 28 21

72 27 18 21 ○ 13 7

○=?

（提示：不是15）

1分钟

……你回答得怎么样?

这是类似思维训练的问题。如果能不在意周围嘈杂的声音,只专注于眼前的问题,是再好不过了!

第166页有详细的解说，关注答案的读者可以去看一下。

不过，尽管是突如其来的问题，但大部分人应该都能马上集中注意力。为什么能够集中注意力呢？

原因在于，对于刚刚的问题，我采用了本书介绍的"集中注意力的时间限制"这种技巧。

每个人都能集中注意力。

　　我们常说"有还是没有"集中注意力，这个前提本身就是错误的。大多数人只是不知道如何"集中注意力"而已。

孩子尤其不擅长集中注意力，他们一般很难坚持太久，容易分心。但是，如果掌握了诀窍，就会判若两人。

　　因此，本书将为大家讲解怎样让所有的孩子都能集中注意力。

对自己的孩子怒吼道："集中注意力！""为什么集中不了注意力？"经历过这种情景的人，需要明白为什么这样说是错误的。

请通过本书来了解其中的原因。

前言

"好好集中注意力！"

"为什么集中不了注意力？"

"你看，就差一点点了，加油！"

大家是不是也说过这些话呢？

当我们看到孩子写作业没有进展，手停下来的时候，就会产生疑问："为什么我家孩子不能集中注意力呢？"

这种心情，我非常理解。

但是，从本书开始的问题中可以看出，只要经过训练，任何人都能够轻松集中注意力。

就算是小孩子也能做到这一点。

当有什么事情要做的时候，就会自然而然地进入状态，集中注意力，不去在意周围的杂音。

特别是工作的时候，即使是没有意识到也能轻松地集中

注意力。

这才是专注的理想状态。

但遗憾的是，学校没有教我们如何集中注意力。

当父母想让孩子做某件事的时候，会不断重复："集中注意力！集中注意力！"

然而，像这样的重复是毫无意义的，没有任何效果。

因为，**对孩子说"集中精力学习"，就像对他们说"忍耐着做下去"一样。**

自己默默地忍耐着，敷衍了事。没有集中精力，只是草草结束，这样并不等于做好了一件事。如果无法集中精力，那么好不容易付出的努力就有可能化为泡影。

无论花费多少时间、多少精力，但学习也好，运动也好，总会跟别人产生差距。

那么，反过来也可以说，**只要能够控制注意力，就能取得令人瞠目结舌的结果。**

如果能掌握这种本领，并且可以运用自如的话，就会迅

速地提高自身能力，呈现出最完美的自己。

再重复一遍，**每个人都能集中注意力**。

并不是一开始就决定了每个人"有或者没有"专注力，只是**很多人不知道"集中注意力的方法"**而已。

连大人都是如此，孩子不能很好地控制自己的注意力也是理所当然的。

但是，在当今社会中，"不知道"即为差距。

尤其在考试中更为明显。考试是否及格被作为孩子是否集中精力去学习的结果，摆在眼前。

学习最重要的不是"量"，而是"质"。

有可能受到其不利影响的是孩子，而能够帮助他们的则是"父母"。

正因为父母对孩子的性格、想法以及行为了如指掌，才能用最适合自己孩子的方法去帮助孩子集中注意力。

本书介绍了很多能够促使孩子集中注意力的诀窍和控制

注意力的方法。这也是我长年作为应试讲师指导孩子和进行实践的方法。

　　首先，在第1章中，为了让大家了解专注力强的孩子的共同点，我总结了他们的特征。在第2章中，我介绍了控制注意力的要点。

　　在第3章和第4章中，我将为大家讲解如何让自己集中注意力的实战技巧。在第5章中，我将会解释说明为了让孩子集中注意力，父母应该怎么做。在第6章中，我用插图比较了容易在集中注意力上产生差异的几点。没有时间的读者只需要看一眼就能知道关键所在了。

　　集中注意力是一种有力的武器。

　　集中注意力是跨越阻挡人生的巨大障碍、开拓崭新人生的武器，因此，我们必须知道如何正确对待它。

　　有孩子的家庭，请一定要读这本书。

　　特别是**孩子即将面临成长的关键时刻的家庭。**

　　比如，临近小学和中学的期中考试、期末考试、模拟考

试，又或者，社团活动和学习都无法投入进去的时候……

要是能掌握本书中集中注意力的方法，一定能收获满意的结果。

读了此书的朋友们若是能够朝着积极、明朗的方向迈出自己的人生步伐，作为作者，我感到无比荣幸。

2019年3月

州崎真弘

目录

第 **1** 章

注意力集中的孩子
具备的共同点

明确"为了什么"

"目标"支撑着奋斗之心

注意力集中的孩子，非常明确自己"为什么要做"。有自己坚定的目标，目的意识很强。

用应试学习来进行比喻的话，那就是：

"我想考上××中学。"

"我想在全国模拟考试中获得×名以上的名次。"

"我想要分数超过××同学。"

正因为坚定地抱有这种信念，他们才能做好心理和行动上的双重准备向目标前进。

只需从侧面观察这种孩子就会一目了然。

上课时，他们目不转睛地盯着黑板，那表情认真到让人感到害怕。

他们为了考上理想学校，一边在心里想着"必须取得这个分数""必须学习这么多内容""必须在现在这个阶段（期间）完成这些事情"，一边坚持不懈地学习，有着不亚于大人的思考和行动能力。

但是，要让所有的孩子都瞄准这样的目的以及目标，并集中注意力，并不是一件易事。

这里，我们就产生了一个疑问：

即"没有目的和目标就不能集中注意力吗？"

相反，也可以这样问：

"只要有目的和目标，就一定能集中注意力吗？"

答案是"NO"。

相关内容将会在第2~4章中详细介绍，这里先只说下结论：**即使没有目的和目标，也能集中注意力。**

具备超常注意力的孩子们，只是碰巧比其他孩子更早地接触到了相应的环境，从而找到自己的目的或目标，并且将其灵活利用。

换句话说，不管是什么样的孩子，只要处于这种环境之中，就能够发挥超常的注意力，这足以令家长们瞠目结舌。

"绝对不能输"的强烈信念

📖 超强注意力指的是不服输的精神

有些孩子具备的注意力甚至超乎我们大人的想象。那么具备这种超强注意力的根本原因是什么呢?

原因之一是拥有**"不服输的劲头"**。

大多数孩子都是好强的。

若是让孩子们竞争,他们马上就会进行比赛,分出胜负,这也充分说明了这一点。

越是低年级的孩子越符合这个特征,一旦要对考试分数进行排名,或者要在游戏中分出胜负,他们就会突然努力,想要取得一个好成绩。

也许有的孩子会说"没事的,输了也没关系",但如果一直输下去，他的眼神也会逐渐发生变化。

果然内心还是不想输。

差别在于，他们不甘心的一面不是表现在脸上，而是隐藏在内心。

当然，毕竟是孩子，大部分都只会在开始的几分钟里全神贯注，之后就坚持不下去了，这样的情景比比皆是。

因为光凭意识，注意力并不会那么容易就集中起来。

不过，即便如此，"绝对不能输给那家伙！"这样不肯服输的孩子给人的印象是，在集中注意力方面具有很大优势。

之所以说"多数"，是因为虽然并不是只靠不服输的意志就能集中注意力，但两者之间有很大的关联。

在好强的孩子中，有的孩子会意气用事，只是一味地争执，也有的孩子会把好强变成自己的动力，为了达成目的而集中注意力。

像后者这样擅于集中注意力的孩子，大多属于冷静的一类人，能够自由切换状态。

虽然不是所有好强的孩子都具有超强的注意力，但是能够把这份不服输的劲头转换成专注力的孩子，更有利于集中注意力。

3 同时学习多种技能

📖 短时间内具备的优势

最近，很多家庭让孩子去学习各种各样的技能，其中有的孩子注意力能够高度集中，呈现出最优秀的一面。

明明体力和时间两方面都很紧张，为什么这些孩子还能做到高度集中呢？

- 有更多的机会领悟到运动和学习等领域的不同之处
- 定期定量地坚持学习
- 可以养成在规定的时间里进行高效学习的习惯

考虑到有诸多原因，但大体上是这几点要因相互交织，使孩子可以自由打开集中注意力的开关。

　　刚开始学习的时候或许不知道自己的兴趣所在，但同时开始学习四五项内容，在学习的过程中，孩子会意识到"比起那个我更喜欢这个"，从而找到自己感兴趣的事情。

　　这样一来，抱有兴趣并全身心地投入，获得成果的时候会感到非常开心，也会受到鼓舞。

　　同时学习多种技能，完成每一个小目标，体会不同的乐趣，在有限的时间内，可以无意识地将注意力分开利用。

　　即使是一点也不感兴趣的内容，也会因为有其他内容要去学习，就算不情愿也会坚持学习下去。

　　我的学生以前说过这样的话：

　　"因为要拉小提琴，所以觉得游泳也能坚持下去。"

　　那个学生在补习班补课的同时，还在学习拉小提琴、游泳、写公函等多项技能。

　　他不喜欢游泳。练小提琴和游泳是在同一天，他以"因为要练小提琴，所以觉得游泳也可以坚持下去"来平衡自己的心态。

每一项技能的学习时间都比较短，而且在适当的忙碌中学习，也是能够更加集中注意力的原因之一吧。

有了时间的限制，可以调整集中注意力的环境。

家长若是希望孩子可以集中注意力，不妨试着让他去学习各种各样的技能，这样做可能有帮助。

书写速度快于常人

"字写得丑" 并不是坏事

在注意力高度集中的学生中，也有字写得很丑，甚至潦草到难以辨认的学生。

说白了，就是除了本人，没人能看懂写的是什么。

之前，有个男生考进了很难考上的学校。

在辅导学生的时候，我一定会把所有人的笔记都检查一遍，并写上评语，只有这个学生的笔记花费了我很长时间检查。

他的字与法庭人员记录发言时使用的速记文字相近，我开玩笑地跟他说："你学过阿拉伯语吗？"

为什么写字速度越快的孩子，越能集中注意力呢？

这是因为**思维敏捷的大脑具有记忆力**。

随着手的动作，注意力也会随之提高，而且这样高度集中注意力也会加快思考的速度。为了把老师说的话和脑海中浮现的东西立刻记下来，就得提高记忆力和注意力。

大脑的运转速度与记忆力、书写速度、注意力密切相关。

实际上，他的专注力和潦草的字迹一样，在班里都是数一数二的。

有一天，一位学生看着换了班级之后的座位说道：

"老师，那个，我想换一下座位。"

"可以的，但为什么要换呢？"

"不太想坐在××同学（字迹很难辨认的孩子）的旁边……"

"他做什么不好的事情了吗？"

"没有，是他写字的时候太过认真了，让我无法集中注意力。"

"是这样啊。（笑）"

我明白了，那个学生并不是问题儿童。

而是拥有超乎常人注意力的优秀学生。

从某种意义上说，他的书写速度惊人，连本人都觉得难以置信。

因此，当有人想要立刻集中注意力的时候，我会建议他"加快行动"。**特别是在计算、书法等方面，快速移动手和眼睛可以更好地集中注意力**。思考的速度、大脑的运转速度也会随之加快。

坚持下去，就会养成习惯。

但是，希望大家不要误解的是"写字速度慢≠注意力不集中"。也就是说，即使注意力高度集中，书写速度也会因人而异。

我感觉我接触的众多学生中，很多人都是书写速度越快，就越能够集中注意力。

请注意观察一下孩子练习书法的样子。

注意力集中的孩子会一口气写完，而花费大量时间，拖拖拉拉地写则可能暗示着这个孩子在集中注意力上有些困难。

5 不畏惧失败

📖 把失败看作失败，其责任在于父母

注意力集中的孩子，有很强的好奇心。

他们对于感兴趣的东西，会探究到底。

不在意失败，有着勇于尝试去做的挑战精神。不畏惧失败正是他们的优点。

他们的最终目的是要把事情完成，根本动力是不去过于担心"要是失败了怎么办"。

能够坚持不懈地将注意力集中到要做的事情上，这与允许孩子失败的家庭环境有着很大关系。

善于思考、勇于挑战的孩子都有一个共同点，那就是他们的父母对失败非常宽容。

父母不应该过于在意和指责每一个细小的错误或失败，

而是应该放手让孩子去挑战。

这也会影响孩子对待事情的态度，能让孩子从学习的价值和快乐中产生自信，并逐渐筑牢集中注意力的基础。

在这种环境下长大的孩子会更加坚强、落落大方。他们会坚定自己的想法，散发着自信的光芒。

虽然这样的孩子有时候也会被认为是一个傲慢的人，但在集中注意力这一点上却是无可挑剔的。这样的孩子能够不断挑战自己的欲望。如此连续挑战，会培养他们更加高度集中注意力的能力。

另外，热心教育的父母（监护人）中，也有不能原谅"失败"的人。

不，应该说是比较多的人。

他们嘴上说着"错了也没关系""做不到也没事"，但实际上，一旦没有做到，就会很生气，不停地抱怨。

这样一来，就无法给孩子提供一个能够集中注意力的环境。

不畏惧失败的孩子，成长不包容失败的环境之中。

如果你想让孩子集中注意力，就必须时刻牢记这一点。

与生俱来的"迟钝感"

📖 告诉自己还没有完成

想要集中注意力的时候，周围很吵怎么办呢？

是不知不觉就会脱口而出"好吵啊"，这样吗？

还是完全不在意，淡然地继续做自己的事情呢？

一般来说，**安静的环境更有利于集中注意力**。

但是，不管周围环境如何嘈杂，也有人会按照自己的节奏来安排自己应该做的事情。

这样的人，从好的层面上来说，是**具有与生俱来的"迟钝感"**。

至今为止，我辅导过的学生中，也有不太在意周围环境的学生。

哪怕周围有些杂音和喧闹，他也丝毫不会分心。

他完全沉浸在自己的世界里，不论旁边的同学是在吵架还是唱歌。从旁边观察的话，真的会怀疑他是不是戴了耳塞。

我对那个学生说："你的注意力真的好集中啊。"却得到了一个很有趣的回答。

"我好像没有集中注意力哦。

我自己也不太清楚注意力什么时候集中的。（笑）"

他本人虽然是这么说的，但并不是没有集中注意力，只是自己没有意识到而已。即使意识到也能集中注意力，这不仅有利于运动和学习，对做任何事情都有利。

在想要说服自己"集中注意力"的时候，实际上却已经意识到这一点了，就无法做到真正意义上的全神贯注。

"周围的杂音和喧闹与他毫无干系，只是淡然地做着眼前该做的事情。"

能做到这样的原因正是他有着看起来可以集中注意力的

"迟钝感"。

这份迟钝感奏效于他的优异成绩。

遇到让人头疼的难题时，他甚至忘记了课后的休息时间和用餐时间。

虽然这个学生的母亲说："担心他太过用功了……"但在社会上的妈妈们看来，这真是令人羡慕的烦恼。

如果每个孩子都有这种潜心学习的天赋，那么无论是运动还是学习，都很容易取得成果，父母的烦恼也会大幅减少。

当然，这个学生的例子比较特殊。

但是，即便没有如此强烈的迟钝感，只要方法得当，无论什么样的孩子都能集中注意力。

大量阅读

📖 不要放弃思考

读书能给孩子的学习能力带来许多有利影响。

词汇能力和阅读能力自不必说，最重要的是能够**锻炼孩子的独立思考能力**。

我接触过的学生中，书读得越多的孩子，越是能在关键时刻集中注意力。

观察课堂上的情况，喜欢读书的学生，相对来说思考的时间果然更长。在思考问题的时候，也能坚持到最后。

另外，即使是中小学生，在休息或补课时一直玩手机的学生，会经常转动钢笔或铅笔，不知为何腿也会经常动来去，还会经常环顾四周，给人一种静不下来的感觉。

为什么在集中注意力上，会有如此大的差别呢？

据推测，由于智能手机可以随意切换画面，只需滚动屏幕，就可以轻松浏览各种频道，所以很难做到完全沉浸于一件事情之中，很容易分神。如果使用不当，则会感觉不到时间的流逝，浑噩度日。

另外，读书是一种积极行为，可以把自己感兴趣的事物，以及自己不知道的事物都记在脑海里。不像智能手机那样，影像和图片会自动映入眼帘。

阅读是用眼睛追逐文字，非常适合专注状态。

接下来，我讲一个我以前辅导过的一个喜爱读书的女孩的故事。

她对语文的长篇阅读特别有自信，做题时的态度非常认真。非但如此，她不仅具备可以深入理解文章的阅读能力，也十分善于收集信息。

虽然她的数学不像语文那么好，但面对题目又长又复杂的难题时，解答能力和数学很好的学生们不相上下。

尽管在计算能力、画图和解题速度上都落后于对手，但对各种条件的整理和解答，她都认真考虑过，有着优秀的应用能力。

算术和数学这类科目，通常题目的字数并不多。因此，题目越长，正确率就越低。

这不仅是因为问题比较难，而是因为题目越长，给出的条件就越多，注意力就会无法集中，很多孩子就会答不出来。

平时在阅读量上领先于旁人的孩子，在集中注意力的同时，也具备了深入思考的能力。

第 2 章

控制注意力的
4 个要点

控制注意力

"注意力不集中"是臆想

注意力用肉眼是看不见的。因此，才会产生"有或没有"集中注意力的争论。

实际上，很多人都认为自己不具备注意力集中的能力。

但从我20多年来指导学生的经验来看，毋庸置疑的一点是，**每个人都具备集中注意力的能力**。

也就是说，并不是"无法发挥专注力=没有专注力"，而是没有很好地控制自己原本就具备的专注力。

接下来，我将介绍控制注意力的4个要点。

【要点①时间】
一起创造集中注意力的时间

不要厉声喊道："集中注意力！"

专注的情形大致分为以下两种：

一种是"现在必须做这个"这种半强制性的集中注意力，另一种是本人无意识地专注于某件事之中。

后者经常出现在孩子的日常生活中。热衷于运动的身姿就是最典型的例子。

但是，能像前者那样主动打开开关去集中注意力的孩子并不多。所以，不用担心，大多数的孩子都是如此。

从现在开始，我们通过学习来控制注意力。

要点之一就是"**时间**"。

时间短也没关系，每天都得在某个地方贴上"集中注意力的时间"的标签，以此来规定专注的时间。也就是说，**要养成在某一时间集中注意力的习惯。**

在一天的某个时间点，一定要集中精力。

让大脑习惯集中注意力，培养"专注的大脑"。

对于不擅长集中注意力的孩子，在一开始就要循循善诱，让他处于集中注意力的环境之中。

若是儿童，就对他说："现在开始一起做10分钟××吧。"若是小学生，就可以邀请他说："（妈妈）想集中注意力，我们一起学习30分钟吧。"

家长可以规定一天"只专注几小时（分钟）"，从而让孩子去意识到要"做××"的目的及时间。

但是，不要厉声喊道："集中注意力！"

营造非强制性的学习氛围尤为重要。

刚开始的时候，时间短一点也没关系，锻炼孩子在这段时间里集中注意力。一旦有了目的，那么就没有必要详细规定具体的做法和内容。

首先要养成专注的习惯。

📖 有目的的话更容易坚持下去

我在第1章中说过，没有目标和目的也没关系。

但只是表明对于集中注意力来说，这"并不是绝对条件"，比起没有，还是有目标和目的更有利于集中注意力。

要是没有特定目的，孩子就会逐渐倾向于去玩耍（或者其他）。

作为父母，在希望孩子认真学习、健康成长的同时，也需要让孩子自己去思考为什么一定要这么做、为什么应该这么做这一目的。

和思考目的一样，还需要意识到的是时间。

"集中注意力的时间"，刚开始 10~30分钟就足够了。

持之以恒才能养成习惯。

例如，避免每次练习一小时，一天三次这样高强度的练习。在一天中安排几次零碎的时间，或是一天一次也可以。

重要的是，让孩子及守护着孩子的爸爸妈妈都能切身感受到效果。

在特定的时间里集中精力去做某件事，产生了"有效果吗"这样的感觉，然后自己主动去增加次数和时间，就能逐渐地控制专注的时间了。

理想的流程是"带着目的，在短时间内致力于某件事"→"觉得有意义"→"能够持续专注"。

接下来，说一件我在某升学补习班指导时发生的事情。

有个上小学5年级的孩子，虽然在自习室学习，但成绩一直提高不了。

虽然是个很认真的学生，但不可否认的是，他在学习上给人一种拖拖沓沓的感觉。我在征得家长的同意后，特意限制了这个孩子待在自习室的时间。

总之，就是对他说："如果想进自习室，就决定好要学习什么，但是，不能待太久。"一开始说"只是练习书法"的学生像突然变了一个人一样，迅速开始学习。

其中的理由很简单，是因为限制了时间，所以不得不集中注意力去学习。

不仅是孩子，大人在时间受限的时候也会急于求成。

当然，这种做法也有可能会适得其反，但大多数情况下都是奏效的。

这名学生能在比平时更少的时间内集中精力，所以每次汉字考试都能取得接近满分的成绩，这一变化连学生本人都感到震惊。

抱有目的并短时间内集中注意力，如此日积月累，确实会发生改变。

【要点②日程表】
规定休息日

📖 情绪不佳就会徒劳无功

不仅是学习，只要心情舒畅，专注力也会随之提高。

适当的压力是必要的，但是时间和情绪都高度紧张的话，就会产生焦虑，从而妨碍集中注意力。

也就是说，**为了注意力能够集中，有时需要精神上的放松。**

如果你关注孩子的学习与玩耍之间的平衡，不妨试着检查一下孩子一周的日程。

可能很少有家庭会把孩子每天的日程写出来。家长可以试着写出一周，也就是24小时×7天=168小时内孩子的动向。

这样一来，你会发现孩子是在浪费时间，或者是在毫无效率地利用时间。

与之相反，有的孩子一周之内要去上学、参加社团活动、补习班、健身、游泳……忙得不可开交。

这种孩子一个人要扮演好几种角色的生活，十分忙碌。

没参加补习班的孩子或许会对此羡慕不已，但是太忙的话也会烦恼。这种忙碌是在时间临近的时候，去其他的补习班，学完之后再去下一个补习班，如此反复。

很多孩子都处于极度疲劳、无法集中注意力的状态。身体疲劳的话，情绪也会变得紧张起来，当然，头脑也会变得不灵活。

📖 除了睡觉的时间以外，其他时间都在学习的4年级小学生

我从事的是考试咨询师的工作，接受过各种各样的访谈。其中，有一个特别令人印象深刻的小故事。

这是和一位妈妈的谈话，她的孩子在上小学4年级。

她咨询的问题是她的儿子学习总是拖拖拉拉的，令人十

分着急。我了解了更多信息之后，说道："难怪如此。"

原来，从周一到周日，那个孩子的日程都安排得很满。

除了上学、睡觉，其他时间都在学习。光是补习班就有4个，有时一天连续上2个补习班。

学习日每天都要去上补习班，周末也从早到晚都被补课、网球、舞蹈、家庭教师等活动安排得满满的。

这种感觉让人筋疲力尽，根本无法集中精力。

不能散漫

让学生学习很多知识与进行充实的教育之间的意义大不相同。孩子在浑身乏力的情况下，很难进行实际意义上的学习。而妈妈看见孩子这副模样，则会厉声训斥。

也许孩子是在按照自己的方式认真努力着。

只是，为了赶时间完成目标而竭尽全力，却无法让妈妈感到满意。

要使注意力保持集中，孩子需要适当地放松。

即需要**善于切换集中注意力的开关按钮**。

注意力的高度集中，是因为敢于留出不需要集中注意力的时间而得以保持的。

不过，注意力的适当休息和无法集中注意力的散漫略有不同。

虽然经常被误解，**但注意力涣散绝不是一件坏事。**

只是在必须要集中注意力时不可以散漫，休息的时候则可以自由散漫。正因为有了这种散漫（=休息），所以在关键时刻才能集中注意力（=学习）。

可以这样快速切换的孩子，注意力就会越集中。

有的班级在课间休息的时候，像发疯似的吵闹个不停，一到上课就像只能听见老师的声音那样全神贯注地听课。

毋庸置疑，这样的班级成绩很靠前。

当然，即便是成绩靠前的班级，上课时也会喧闹。

但不同之处在于，并不会给人一种十分嘈杂的感觉，学生会对老师的指示立即作出回应，并迅速安静下来。

能从"关"大幅切换到"开"，是发挥高度专注力的典范。而且，高度集中注意力会提高学习效率。

对于能否做到这样的切换，就算每个学生花费了同样的时间，其效率也截然不同。倒不如说，如果能很好地转换集中注意力的开与关，就能在较少的时间内收获意料之外的成果。

为了控制注意力的集中，请记得有意识地去适当休息。

【要点③环境】
营造良好环境

把点心放在面前，还能集中注意力吗

光靠意志很难做到集中注意力。

有意识地集中注意力需要技巧和方法，其中之一就是**"营造环境"**。

比如，你想让孩子学习的时候，会让他在哪里学习呢？

你是否觉得，写作业一定要在家里？

如果是在家里的话，你的脑海中应该会浮现出客厅、孩子的房间等，那么请再次确认一下，那里到底有没有吸引孩子注意力的事物。

孩子好不容易有了干劲，想要去做这件事，如果有什么东西妨碍了他集中注意力，那就前功尽弃了。

只要不是在做孩子十分热衷、兴趣盎然的事情，他就会把注意力转移到其他地方。

在这时责备孩子"为什么不能集中精力"，就过于苛刻了。

并不是说不可以在客厅和孩子的房间里学习。

而是说**在想要集中注意力的时候，要排除妨碍注意力集中的因素，在物理上消除诱惑**。

尽管从家长那里听到过"我知道要这样做"之类的话，但意外的是，没有一个家庭做到这一点。

请在孩子学习的时候**确认一下周围的环境**。

诱惑物不仅是游戏和漫画，还有周围的声音、气味、房间的亮度、不知不觉就开始聊天的家人……

一旦注意力中断，要花费好长时间才能回到原来的专注状态。

无法集中的话，那一天就学习不进去了。

处于那样的环境之中，会一直反复做着与集中注意力越来越远的事情。

要先创造觉得"可以集中注意力"的环境。

比如，最近很流行让孩子在客厅里学习，但在客厅学习的时候也必须要给孩子提供一个容易集中注意力的环境。

另外，虽说平时学习的地方是客厅，但不一定要局限于只在客厅里学习。

有时，也可以根据集中注意力的意义所在和当时孩子的想法，灵活地去改变地点。

在我的学生时代，有一位优秀的同学考上了京都大学，他在学习方面，思维十分活跃。

他既没有执着于去上补习班，也没有钻研参考书或是参加线上培训，而是随心所欲地去学习。

有一次，大家都在谈论彼此在学习什么，他说了很有意思的话。

"我有时会根据学习的内容来利用环形线。"

环形线是指在大阪市中心以环状的方式来回行驶的 JR 线。

以东京来说就是山手线。总之，就是在电车里学习。

根据心情的好坏，随意改变场所，控制自己的学习节奏，以便集中注意力。

这些经验，即便是我们大人，也会深有同感。

比起让人感到放松的家里，各种各样的噪声混杂在一起的外部环境，更能加快大脑的运转速度，可以短时间内快速记住学习的内容。

根据学习内容的不同，来改变集中注意力的环境，十分重要。

例如，在咖啡馆学习的学生、工作的商人。

他们也会刻意将自己置身于嘈杂的店内，以此来提高专注力。当然，太过吵闹的话会起到反作用，但要是想激发创意和思绪的灵感时，咖啡馆这种稍微嘈杂一些的地方反而会更好。

相反，在需要缜密计算和思考的时候，安静的、尽可能不妨碍视线集中的地方会比较适合。

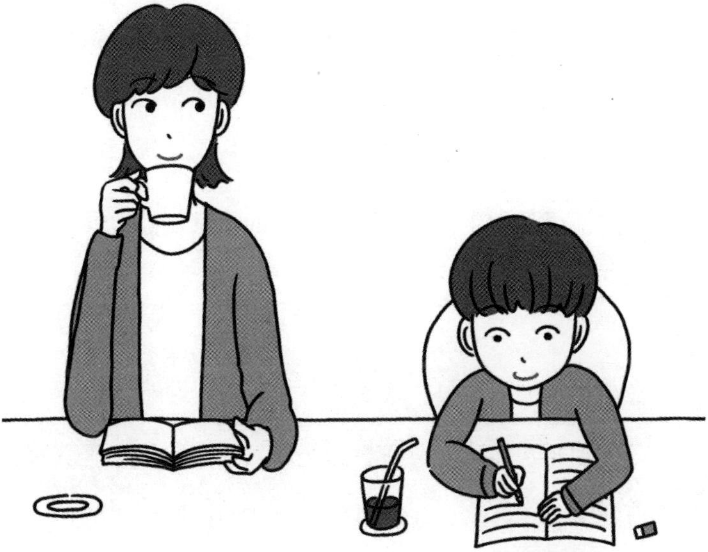

📖 可以利用多处场所

换个环境，完全可以更好地集中注意力。

但是，让孩子去咖啡店或许不太现实。

对孩子来说，**图书馆或补习班的自习室是最理想的学习场所**。如果有家长陪同，可以去咖啡厅、快餐店、家庭餐厅等地方，选择范围更广。

通过演绎日常生活中不经常出现的情景，最大限度地激发孩子的专注力。

在车里也可以学习，这或许会令人感到意外。

一听到车，你可能会联想到接送人的车，而这里说的是停在自家车库里的车。或许只能在晴朗的白日里使用，但是非常安静，最适合梳理记忆。

我想要追寻安静时也会开车。不发动引擎，几乎感觉不到声音，真的很静谧。

能够加以利用的地方有很多。

也许每个家庭的情况都不一样，但请试着寻找在房间以外能让孩子集中注意力的环境。

【要点④动机】
开始进行"乘法运算"的时机因人而异

📖 父母的任务是唤起孩子的学习欲望

和时间一样重要的是，是否有孩子感兴趣的"对象"。

只要能激发孩子的好奇心，就无须担忧。

孩子会自然而然地集中注意力。

但是，父母要求孩子集中注意力的，一般都是培训、学习等孩子很难产生兴趣的事情。

也就是说，为了让孩子集中注意力，如何激发他的学习欲望和动力是最大的难题。如果做不到，就无法集中注意力。

有了不想做某件事，想早点结束的这种消极心态，就会设法集中注意力去完成它，但这只会是暂时的。

要想每天都保持注意力的集中，就必须要有学习的欲望和动力。

特别是学习不擅长的科目，若是毫无兴趣和深奥难懂的内容，对孩子来说就如同坠入地狱般饱受折磨，满脑子只想着如何熬过这段时间。

但这绝对不是孩子的问题，**而是疏于花费精力让孩子去集中注意力的父母和老师的责任所在。**

周围的大人也需要督促自己集中注意力。

希望家长能明白，若要激发孩子的学习欲望，重要的一点在于大人要先仔细思考应该怎么去做才好。

📖 亲身体验"只要做就能做到"

那么，该怎么办呢？

首先，要让他有目标，给他一个可以努力的机会。

然后，从达成目标这样的成功体验中，孩子自己会更加充满动力，学习的速度和态度也会发生剧变。

但需要注意的是，如果目标过于遥远，孩子可能会放弃。

为了让孩子集中注意力，请把最初的目标设定为触手可及、可以尽早知道结果的事物。

这时，可以把目标写在纸上或板上，贴在孩子和家人一眼就能看见的地方。因为是孩子，所以需要一定程度的"监督"。把目标贴在家长也能看到的地方，孩子就会产生紧张感。

例如，最初的目标是在学校的汉字测试中连续三次获得满分。

这时最重要的是，家人要一起看考试的结果。如果家人共享这些信息，对孩子来说，汉字测试就变得没有那么重要。

通过孩子的汉字测试，全家人达成一致。

这样一来，即使父母不插嘴，也能让孩子自己集中精力去努力学习。而且，稍微降低目标设定的门槛，会激发孩子的动力，让孩子觉得只要努力就能实现目标。

当然，如果第一次、第二次都能过关的话，也可以对孩子说"要试试吗"。

📖 不要用不相关的话来搪塞

在这里，希望家长们注意一件事情。

那就是**不要说多余的话**。要想在背后支持他，就不应该说"第三次也要加油哦"之类的话。

孩子好不容易才感觉良好、情绪高涨，这时没有必要特意给他施加压力。

保持手感，连续进行3次时，被这么一说，从那一瞬间开始，学习动力就降低了。如果孩子反驳道："我知道了！"父母就会变得很啰唆。

不要小看孩子的学习劲头和情绪的波动。

我曾经见过很多学生一下子有了干劲，却又急转直下，突然泄气。孩子好不容易才有了学习的想法和欲望，不要特意去打击他。

　　不管最初的目标有多大，只要能达成，成功的体验就会变成自信。也就是所谓的"**一旦去做，就可以做到**"。

　　但遗憾的是，这种满足感并不会一直持续下去。

　　如果一成不变，可能无法集中注意力。

　　正因为如此，为了尽量避免这种情况的发生，请尽早树立自信。若是可以自己设定目标，注意力也会自然而然地集中。

　　当孩子没有新鲜感，集中不了注意力，甚至连学习的欲望都没有时，试着让他再努力3分钟吧。

　　即使没有学习欲望和动力，也能给孩子一种"总之我可以忍耐着"这样小小的成就感。这种接踵而来的成就感会点燃孩子的学习欲望和动力。

　　意想不到的是，孩子在坚持了3~5分钟之后，就自然而然地进入了学习的状态，并逐渐投入。

　　总之，如果不开始学习的话就无法激发学习动力。

　　只要有了学习动力，注意力就会慢慢集中起来。

　　如果孩子的学习状态不太好，请让他花费3分钟，像汽车发动引擎那样着手学习简单的内容。

　　我推荐大家做一些即使做错了也不用动脑，手会比大脑更加忙碌的计算题和智力问答题。

第 3 章

基础篇

目标 1~2 小时
习惯性地短时间内集中注意力

1 养成专注的习惯

📖 养成"三个习惯"

专注是发挥最佳表现的手段。

无论是学习还是运动，都会产生截然不同的结果，正因为如此，要想促进孩子的成长，专注力是不可或缺的。

可是，对于平时注意力就无法集中的孩子，很多父母都不知道应该怎么做。

因此，在本章中，我将讲解**如何培养让孩子集中注意力的"3个习惯"（"时间""环境""行动"）。**

根据具体情况，三个习惯中只要养成一个习惯就能集中注意力。不过，若是这3个条件都能具备，互相交织，就连不擅长集中注意力的孩子也可以自由地控制专注力。

特别是"时间"，是最重要的条件。

本章的**目标是集中注意力1~2小时**。

不过，刚开始的时候，时间短一点也不要紧。

如果觉得困难的话，可以先设定15~30分钟的小目标。要是低年级小学生，即使时间很短，只要持续专注就可以了。

这样的孩子只要掌握一点窍门，就能逐渐集中注意力。**能否突破15~30分钟，是能否集中精力1~2小时的重要一步。**

本章的主题是，即使时间很短，也要坚持下去，使之成为习惯。

希望孩子养成集中注意力的习惯，学习更多内容的家长，或者想要养成良好学习习惯的孩子，可以阅读本章。

【时间管理】
规定"专注时刻"

📖 从"短时间"开始，逐渐习惯

如前文所述，开始的目标设定为10~15分钟完全没问题。**低年级的目标是30分钟以上，高年级和中学生的目标则是1小时以上。**

把这段时间作为每天的"集中注意力的时间"。

学习的内容，可以是计算和汉字听写之类的学习，也可以是需要思考的智力游戏。

如果是每天都做，难度比较高的话，周一、周三、周五这样隔一天一次也可以。**请定期完成目标。**

但是，尽量避开周末。

因为孩子一般认为"周末=休息"。

让孩子做的话，他有可能会反驳说："为什么休息天必须要做××呢？"

不必勉强孩子，只要规定好目标，工作日的五天就足够了。

让孩子决定是要规定周一至周五的"专注时刻"，还是规定周一、周三、周五的"专注时刻"。

一开始，像这样给孩子提出两个选项。

如果选项只有一个，那么答案则为是或否，有时会被孩子拒绝。但如果是两个选项的话，给了本人一个选择的机会，被拒绝的可能性也会降低。孩子会自己去考虑哪一个更好。

重要的一点在于，通过让孩子从多个选项中选择，从而让孩子意识到自己拥有进行选择的责任感。

3 用"三种方法"培养时间意识

📖 调节气氛的"沙漏"

怎样才能让自己集中注意力15分钟或30分钟呢？

在这里，我将介绍3种马上就能实践的方法。

第一种是**"剩余时间可视化法"**。

请使用可以计算时间的沙漏。

如果是小学生的话，就会像在做游戏一样，在沙子全部掉落之前进行比赛。

运用不一样的形式，让他们意识到"现在是'专注时刻'"，灵活切换集中注意力的开关。

即使是像学习这样不快乐的事情，只要孩子稍微改变一下想法，就能体会到不一样的感觉，激发学习动力，有效地

克制自己。

因此，要在"专注时刻"使用沙漏之类的东西，若其他时候使用，则会显得有些刻意。**作为"专注时刻"使用的专用道具，最好事先决定好"是为了集中注意力而使用它"！**

用沙漏显示剩下的时间，不仅能让孩子抱有紧张感，也能引导孩子集中注意力。

在类似于游戏的体验中，孩子就会不知不觉集中注意力。

📖 难以集中注意力时，把时间碎片化

第二种方法是**"时间分割法"。**

这是在"剩余时间可视化法"中，进一步细分时间，提高专注力的方法。也许有的家长会担忧道：

"15分钟或30分钟都很短，还可以更细致得分割吗？"

"是不是有点手忙脚乱？"

但是，对于不想学习的孩子来说，15分钟也好，30分钟也好，都令人烦躁。尽管时间很短，他们还是会觉得无比漫长。

开始的一两分钟还会好好学习，但马上就会用胳膊肘撑着头，不停地转动铅笔，闲不下来。然后瞥一眼时钟，脑子里想着"还有10分钟吧"。

因此，为了更容易集中注意力，可以把时间划分得更细致。

例如，假设学习数学要花30分钟。

这时可以学习5分钟，休息1分钟，这样一组6分钟，共做5组。除了休息外，一定要设置5分钟的短间隔，反复进行。测量时要注意剩余时间，使用沙漏。如果没有沙漏，计时器也可以。

5分钟的时间，会给人一种被催促的感觉，孩子没有时间撑着胳膊肘，或者不停地转笔。哪怕是看沙漏或计时器，也会觉得"糟了，再不快点就不行了"，学习态度完全转变了。

这个方法的好处是，你可以在一组6分钟的时间里，快速进入学习的状态。在最后的一两分钟里，学习劲头也丝毫没有减弱，如此一来，注意力就集中了。

由于中途几乎没有松懈，所以**即使在5分钟这么短的单位时间内，注意力也能高度集中。**

休息时间也不要太长，控制在1分钟以内，就可以切换集中注意力的状态。即使处于还没做完的状态，一旦规定了5分钟的时间，也要按时完成。这种强制力是高度集中注意力的关键。

📖 特意把截止日期设定在要完成的事情"之前"

第三种方法是**"强制设定截止日期法"**。

例如，假设你正在学习游泳。

你通常是下午四点半出门，游泳从下午五点开始。

这时就把 "集中注意力的时间"设定为下午四点至四点半之间的30分钟。

若是设定在下午三点的话，离出门就还有一个半小时，孩子难免会磨磨蹭蹭的。

但是，如果把"集中注意力的时间"设定在必须强制结束的四点半，时间受限了，就必须赶紧开始。

也就是说，我们不得不使用处于休眠中的专注力。

是觉得时间紧迫，还是觉得时间宽松点好，这取决于孩子，但不论哪个，都会大幅减少拖延的时间。

在短时间内迅速开始学习的孩子，之后的成长轨迹与其他孩子会截然不同。

到目前为止，我接触过的学生中，有很多举止干净利落的成绩明显更加优秀。

他们给人的感觉是在头脑中已经想清楚了，什么时候结束或停下正在做的事情，然后接下来应该做什么事情。

是选择拖拖拉拉的一个半小时，还是快速学习的30分钟？

关键在于让身体和大脑都领悟到时间流逝的重要性。

那么，在没有学习任务的家里时该怎么做呢？

这时，可以利用孩子平时看电视的时间或吃晚饭的时间。

例如，**把时间设定在动漫、电视剧等喜欢的节目开始前30分钟。**

"一直看=必须要看的东西"，这就是所谓的习惯。因此，在已经成为习惯的那个时间之前设定"集中注意力的时间"，是明智之举。

但绝对不可以把时间设定在节目播放完之后。

"看了这个，再做！"不要被这样的话蒙骗。一想便知，惬意的时光结束后，孩子怎么也不会想开始学习的。

　　请利用没有任何退路的固定时间，让孩子养成集中注意力的习惯。

4 【环境管理】
"图书馆"是最佳去处

使用公共场所的意义何在

为了引导孩子集中注意力，前文介绍了"时间"的习惯化，接下来介绍**"环境"**，阐述能够让孩子集中注意力的场所和注意力可以集中的情景。

说到底，能否集中注意力，很大程度上取决于场所和情景。

即使是我们成年人，也会因为周围的嘈杂而分心。

一旦令人心动的事物映入眼帘时，就立马集中不了注意力。因此，有必要考虑创造一个适当安静的环境，可以帮助我们抵抗住诱惑，从而集中注意力。

本章以低年级的孩子和平时不擅长集中注意力的孩子为

对象。这一关于 "环境" 的部分，请以需要父母的协助为
基础来阅读。

　　首先第一点，**"去图书馆吧"**！

　　这并不是让孩子去图书馆多看书的意思。

　　而是给孩子们提供一个可以集中注意力的 "地方"，**目
的是在适当监督的环境中学习，促进注意力的集中。**

　　不仅是孩子，大人的态度、神态、行为也会随着自己所
在的场合而发生变化。这是因为不同的场合和氛围对人产生了
巨大的影响。

　　家里存在着很多诱惑，可能很难令人一直集中注意力。这
时，为了提高孩子的专注力，去图书馆不失为一个好办法。

　　我已经多次反复强调，**没有集中不了注意力的孩子。**

　　只是在日常生活中没有找到时机去展示原本就具备的专
注力，或者不知道该如何去集中注意力。

　　经常会发生的事情是，在做学校布置的1个小时量的作
业时，孩子会在家里磨磨蹭蹭，浪费时间，即使1个小时做

完了，也写得乱七八糟。

原因在于，孩子们几乎都讨厌做作业。

即便如此，他们也知道什么是必须要做的事情。对于讨厌学习的孩子来说，这是必须要面临的事情。

那么，为什么会拖拖拉拉的呢？

那是因为有一种**娇纵**的心态。

把讨厌的事情向后推迟，只想做自己喜欢的事。

之所以会和对自己喋喋不休的母亲发生口角，也正是因为抱有这样的心态。

那如果是素不相识的人会怎样做呢？

应该不会争吵吧。

也就是说，**让孩子在图书馆学习，可以消除这种"娇纵"的想法，营造一个必须要集中注意力的环境。**

图书馆里，在成年人、高年级学生的哥哥姐姐们旁边学习，是平时生活中不常出现的情景。不能随意走动，必须保持安静。

倒不如说，可以认为是做着比其他同学更高层次的事情，获得些许优越感，学习劲头十足。

在有监督和一定强制力的环境下，更有利于激发孩子平时不常使用的专注力。

不需要每天都对孩子说"去图书馆吧"。

像"周二是图书馆日"这样，可以把它当成一个活动。

但是，即便更换了场所，也一定要意识到"时间"。在安静的图书馆和自习室，更要使用"沙漏"。

置身于集体之中

第二点，**"置身于集体之中"**。

放学之后是去补习班？还是体育俱乐部？有许多不同的选择。只要预算和时间相符合，置身于这样的集体之中也未尝不可。

这也是促进孩子集中注意力的有效手段。

正如第1章所述，**集体内部必然会产生竞争。**

而这种胜负心会自然而然地激发孩子的专注力。

例如，孩子有没有说过"××同学正在学习，我也要学习"这种话呢？

这是孩子受到了学校里其他同学的影响而说出的话。

让孩子学习，如同让孩子进入集体一样。

也可以说，**这是极大地促进孩子集中注意力的机会。**

只要是有竞争对手，不论有没有不得不竞争的环境，都无所谓。

并不是说收费的补习班和运动俱乐部就一定好，但在学校里能提供这种环境的，恐怕只有体育课吧。

这样的话，家长应该记住，尽管会花费一些成本，但可以借此激发孩子专注力，也能让孩子多学习一些内容。

一旦萌发了胜负心，孩子就会为了不输给别人而努力。

孩子会绞尽脑汁想办法解决问题，每次都能集中注意力。

自己一个人无法使注意力高度集中，却可以通过竞争的方式做到。

一个人跑得很慢，但要是和别人赛跑的话，每个人都能跑得很快。一个人解题，会慢慢地做，而且容易出错，但要是在班级里以测验的形式让孩子做的话，每个人都会迅速开始认真做题。

优秀的竞争对手的存在，会激发出敏锐的专注力。

尝试让孩子置身于集体之中，对唤醒孩子沉睡的专注力非常有效。

【行动管理】
为了注意力的高度集中

"高效"对集中注意力也很重要

最后是**"行动"**。

简单地总结前面的内容，就是用"时间"给孩子施加压力，通过控制场所和情景等"环境"，引导孩子集中注意力。

其基础是"时间管理"，再加上"环境管理"，基本上就没问题了。此外，"行动管理"还能更有效地激发专注力。为做好"准备"让孩子进入专注模式，让他更容易集中注意力，我在这里介绍三种方法。

📖 制订计划表

第一个是**"开始制订日程表（计划）"**。

例如，在"时间管理"（57页）中，把30分钟的作业设定为每组6分钟（学习5分钟，休息1分钟），然后事先将其整理成计划表。

如果没有任何心理准备，突然开始做的话，就会有一种随时都可以停下来的感觉，也会浪费时间。若是急急忙忙制订计划，也是在做无用功，从集中注意力这一点来看，是非常不利的。

因此，要在充足的时间里，规定好做什么和做多少，并写在纸上，放在眼睛能看到的地方。

仅仅如此，就会收获截然不同的成果。

在笔记本或台历大小的纸上写好，可以像记笔记那样写，然后立在铅笔盒上就行。

有了这个笔记，就能明确学习进度和下一步该做什么，注意力也能更快地集中起来。

事先用圆珠笔画出时间和任务的框架，用铅笔标上页数和序号，再用上沙漏（计时器）等配套的道具就可以了。

大脑的准备工作

第二个是**"用一百次计算来热身"**。

运动时，如果突然开始剧烈运动，就会受伤。

与此相同，在大脑开始运转之前也要进行准备工作。

这与其说是计算练习，不如说是大脑的热身活动，为开始学习主要内容做准备。

数百次计算的优点在于，可以做到适当用脑，不停地动手计算。而令人烦恼的则是，欠缺手感，难以迅速完成。

目的是通过不断快速地动手，将注意力集中在即将开始的正式学习上。

而且，小学低年级，乃至什么样的孩子都可以使用这种方法。当然，也可以不限于数以百次的计算。

如果能适当地动脑、动手的话，也可以用其他的事情来代替。

例如，父母可以让孩子把简单的加法、减法练习题写在笔记本上。

但需要注意的是，这并不是学习的主要内容，而是为了彻底集中注意力而做的准备工作，因此，不要做得过多。

为了沉浸在自我世界之中

第三个方法是**"用耳机沉浸在自己的世界里"**。

以前，无论是学习还是运动，为了给自己打气，都会在头上缠上头巾。就连现在很多有名的升学补习班里，考生们也会戴上头巾拼命努力。

可能说法略有不妥，但即使只是一块布，也还是有效果的。

因为不同的人集中注意力的方法也有所不同。头巾的作用

在于提示你"好了，开始做吧"，帮助你专注于眼前的事物。

　　像学校每天布置的作业那样缠上头巾用来鞭策自己，感觉有点夸张。因此，可以用孩子经常会用到的戴头式耳机来代替头巾。

　　如果没有戴头式耳机，也可以用小型耳机或耳塞。

　　请使用能隔绝周围的声音，容易使注意力集中在眼前事物上的东西。

　　如果能把它作为集中注意力的道具加以利用的话，集中注意力也会变得轻松。**将其掌握，就可以把它作为"集中注意力之时"的一个常规项目。**

　　最近，戴耳机的人变多了。

　　通过听音乐可以更容易地进入自己的世界。学习也是如此，如果能创造出与之相似的情形，即使不刻意集中注意力也能很随意就全神贯注。我个人的建议是用耳机。

　　因为可以隔绝外界的声音，更容易集中注意力。但请注意千万不要边听音乐边学习！

第 4 章

应用篇

目标最多 5 小时
用 3 种方法长时间集中注意力

1 为了保持1小时以上的专注力

📖 怎样才能持续集中注意力

每个人的注意力都是与生俱来的。

话虽如此，但自由地控制专注力并不是一件简单的事。经常出现的情况是到了关键时刻就无法发挥专注力，难以做到全神贯注。

特别是重要的考试、大赛记录的测验、绝不能输的比赛……

长期处于紧张状态的话，很容易在不经意的某个瞬间集中注意力。

很多家长应该会后悔，明明要是能让自己处于注意力非常集中的状态，就会带来连自己孩子都目瞪口呆的结果……

接下来，我将为大家介绍如何在周末的上午和下午等有空闲时间的时候，持续发挥自己的专注力。

如果说第3章是集中注意力的基本篇，那么本章则是应用篇。

作为背景条件，如果孩子在第3章中提到的1~2个小时内还是难以集中注意力，那么可以认为是时候未到。

集中精力去完成1组1小时，或者2组30分钟的学习内容。孩子因为30分钟的学习而感到痛苦，这时突然对他说："今天要学习4个小时哦"，肯定是难以接受的。

首先，确认自己能够集中精力1个小时左右，然后再阅读本章。

希望孩子积极学习、能够长时间集中注意力，或者孩子正在面临考试之时的家长可以阅读本章。

【时间管理】
每组重复 30~60 分钟

📖 有效利用空闲时间

想要长时间集中注意力，应该怎么做才好呢？

有两种方法。

一种是，**将其分割成短时间的几组，事先制订好计划表。**

另一种是**在长时间集中注意力的基础上，一定要设置间隔。**不要把认为它是喘口气的"休息"时间，而是视为不间断地切换注意力的时间。

长时间的集中注意力可能会让人感觉要坚持2~3个小时，有时甚至是5个小时，会感觉疲惫，但完成一组一组短时间的工作，效率会更高。

也就是说，一组最长为1小时。若是超过1小时的话，大脑和眼睛不知不觉就会疲惫。

要是对孩子说"虽然学习任务很多，但中间会休息很多次的"，那么孩子应该会感到难度降低了吧。

📖 越是想长时间集中注意力，越得"休息"

孩子想立刻休息。

经常出现的情形是，一旦开始学习，就会想是不是到休息时间了，这样就无法静下心来。这种情况无论是在家里、补习班，还是学校里都是一样的。

另外，父母希望孩子能够学习很长时间。

但是，对孩子来说，长时间的学习只会感到痛苦。因此，作为交换条件，父母要给孩子多次零碎的"休息时间"。

举个例子，考生（小学6年级或初中3年级）在学习一个科目花费2个小时的情况下，可以分为3组40分钟或4组30分钟的学习。当然，要是本人可以做到2组1小时的话完全没问题，但做不到的话也没必要勉强自己。

但是，在集中注意力的时间里，一定要将其拆开，并在其中加入一些零碎的休息时间！

如果中途不休息的话，注意力就会在某个阶段涣散，后半部分就很难集中注意力。

在学习的时间里，一定要留出从集中注意力中解放出来的时间，也就是"放松时刻"，其标准是5分钟。

休息的时间太长或太短都不好。

为了不让注意力中断，不要休息太长时间，让高速运转的大脑和眼睛得到休息即可。

不让温度过高的引擎冷却，使其接下来能发挥出更完美的表现。

例如，在集中精力学习2个小时的情况下，最初的15分钟用于吸收知识点，5分钟用于放松，接下来的40分钟用于练习。

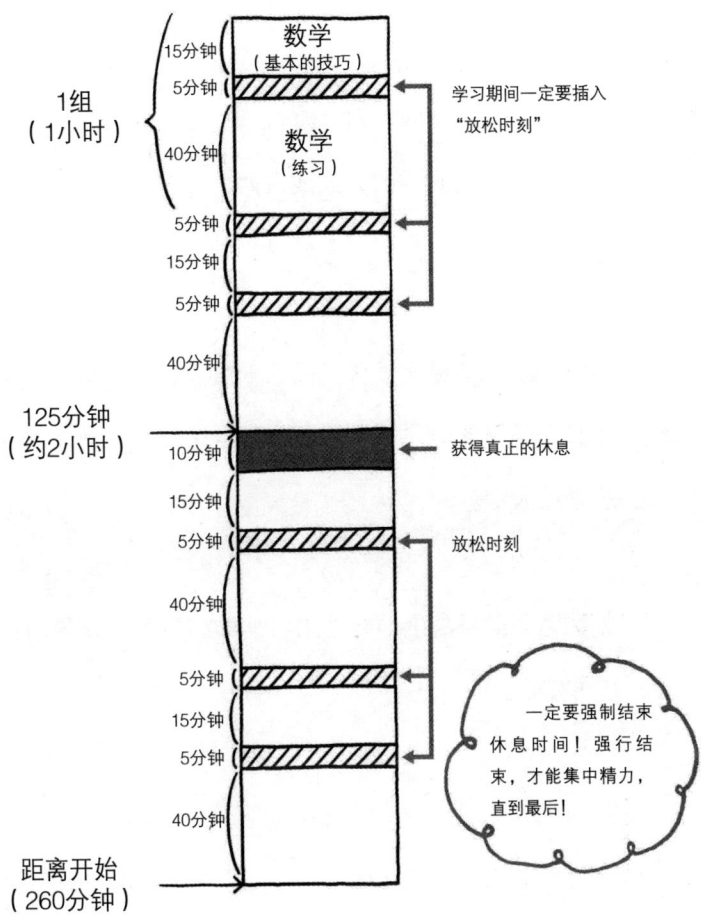

1组
（1小时）

15分钟

数学
（基本的技巧）

5分钟

40分钟

数学
（练习）

学习期间一定要插入
"放松时刻"

5分钟

15分钟

5分钟

40分钟

125分钟
（约2小时）

10分钟

获得真正的休息

15分钟

5分钟

放松时刻

40分钟

5分钟

15分钟

5分钟

40分钟

距离开始
（260分钟）

一定要强制结束
休息时间！强行结
束，才能集中精力，
直到最后！

如此重复两次，大约2个小时。

这样，学习了一门学科之后也迎来了第一次真正的"休息"。

即上厕所和吃零食的时间。

之后，也可以用同样的方式或者两个小时，来学习与之前完全不同的内容（学科），要是可以的话，学习相同的内容（学科）也没关系。

虽然没必要强制更换学科，但一直做同样的事情会让人厌倦。尤其是学习的时候更是如此。一旦厌倦了，学习的内容就无法灌进大脑。

因此，为了保持高度的专注力，切换到不同的学习内容也是一种方法。

设定一组短时间的学习内容和休息时间，然后反复进行。

只要制订出这样的学习计划，张弛有度，就能有效地保持注意力的集中。

清晰简易地理解划分时间

制订日程时，一定要把休息时间写出来。

除此之外，还需要确认学习时间的开始、结束、中途休息、任务、在什么时间学习什么……

通过简单地确认这些内容，可以缓解学习时间过长带来的压力。

最初就从计划结束开始考虑，这样一来可以消除不安，保持注意力的高度集中。

我在课堂上也应用了这个方法。

只要采用这个方法，就能让学生们持续集中注意力。

比如，开始上课时必须要讲的这节课的主要内容、难易程度、涉及的问题、题目的数量、出题频率、其他考生的情况，还有授课时间的安排、流程等都要尽可能地告诉学生。

即使是长时间的讲座，只要事先告诉学生应该做的事情，对学生说"接下来很重要"，学生也会自己进行切换，知道什么时候应该集中注意力。

课堂上提醒孩子"接下来的30分钟很重要""放下手上的事情只听我说20秒""×分时，要讲××"等，学生会随之抬起头，端正态度，转换开关集中注意力听课。经常在田径比赛中听到有人说"最后一圈"，有些人一听见这种话就拼命向前冲刺，两者效果是一样的。

这样一来，即使是面对考试难度较高的算数和数学课，学生也能瞬间上升到另一个层次，集中精力听课。

只要事先知道流程，注意力就会集中，专注程度也会随之改变。

养成事先制订计划表的习惯比较好。

日程和计划表首先由孩子自己制订。然后，由父母来检查孩子是否执行了。如果没能做到，就得解释一下原因和理由。

如果是要考试的话，可以使用会发出声音的计时器（倒计时式），给孩子施加时间上的压力。

3 是不是休息错了

让注意力中断的休息毫无意义

前文介绍过，为了让孩子长时间保持高强度的集中注意力，需要提前看到终点，设定"休息时间"和"放松时刻"。

就像前面举的例子一样，以"一组"来划分，最好是设定一个放松注意力的时机。

一般的休息时间，顾名思义就是为了休息的时间。

但是，这是完全集中不了注意力的"休息时间"，还是再次顺利进入专注模式的"放松时刻"，旁人是无法判断的。

理想的状态下，最好不要"休息"。

如果没有休息时间，就会把时间都用在学习上。与之相应，就可以早点结束学习。

但是，就像刚才提到的那样，大脑、眼睛和精神都会疲惫不堪。

如果是能够忘却疲惫，做自己最喜欢的事情，或许可以接受，但要是孩子哭着闹着却又不得不努力学习的话，渐渐地就会感到很累。

正因如此，必须要注意转换注意力之际"休息"的时机和方法。

感到心情不错，站起来伸个懒腰去趟厕所，吃了口甜品，喝了口可可，然后说道："好，再次开始学习吧！"如果能做到这一点，那就没什么好担心的了。

……不过，大多数孩子都很难有像优等生这样的休息时间。

他们通常是拿着点心和可可坐在电视机前，或者玩下游戏，看会儿漫画……回过神来，发现"居然过去了这么久"，这样一来，父母和孩子就会产生争吵。

📖 不要称之为"休息"

最忌讳的是学习模式完全中断。

也就是以休息为理由荒废学习，之后的学习效率变得非常低的时候。这样的休息可以说是注意力已经集中不了的情况。

一旦"集中不了"，就很难回到原来的专注状态。

有的孩子已经不可能再继续当天的学习了。

再重复一下，**"休息时间"是为了坚持下次学习的准备时间**。

让大脑重新启动一下，让眼睛休息一下，在学习劲头还没退去之前开始学习会更好，这是毋庸置疑的。

不能把它等同于学校上课和上课之间的"休息时间"。

活泼的孩子会在下课时跑来跑去，沉浸在玩耍之中。

这并不是"休息"的感觉，而是"娱乐时间"，是"可以做喜欢的事的自由时间"。

这倒也无所谓，但**真正集中精力做某件事的时候，应该分**

清前面说的休息时间和学校的"休息时间"是不一样的。

如果孩子坚持认为"休息=玩耍"，那么在家里也可以把"休息"换种说法。

可以用"切换到下一段学习的时间""下一次学习的准备时间"这样能让人明确知道目的的说法。

为了避免误解，用容易理解的方式将目的展现出来。

乘坐巴士去参加学校郊游或修学旅行的时候，在高速公路的休息区会有"厕所休息站"。不是单纯的"休息"，在前面特意加上"厕所"，是为了向孩子明确说明目的。

向孩子传达"只有很短的时间哟"这样的信息。

通过加入限定词，让孩子好好利用"休息时间"。

不然孩子会很容易误以为是玩耍时间。

但是，像测验学习、考试学习等需要长时间集中注意力的情况下，可以说明"休息"的方法和效果，以便提高学习效果。

用"3 分钟断舍离"做好心理准备

不安使注意力中断

即使想要在一段时间内集中精力，如果有其他在意的事情，也会妨碍注意力的集中。

像脑子里浮现的"该怎么做××……""××怎么样了呢"等无关的事情，就是所谓的不安因素。

为了能够全神贯注，注意力不被中断，创造一个不会让人感到不安的环境，至关重要。

我介绍一个好方法。

即"**3分钟断舍离（整理）**"。

这里的"断舍离"与平常说的略有不同，是指在集中注意力的时候，将无关的东西从视野中消除这种带有整理意味的行为。

今后想要专心致志时，得暂时远离会扰乱专注力的事物。

尽可能地排除今后要做的工作之外的干扰因素，以便降低扰乱注意力集中的概率。

即使是我们成年人，也经常会因为身边的事情放下工作。

无意识地拿出电话和手机，工作中电话和短信的提示音，快递的到来……

如果身边没有这些东西，就能集中精力，切实提高工作效率。这当然也适用于孩子。

只要把身边的事物清理干净，拿走不必要的东西，就不会被其他事情干扰自己集中注意力。如果先让孩子完成"这个"已经决定的事情，首先要收拾好干扰学习的事物。

如果是像运动或音乐这样有动作、有韵律的东西，一旦开始了，或许就能一直坚持到最后。但是，像学习这样得静下心来努力的事情，特别需要营造一个良好的环境。

📖 通过记笔记来消除头脑中的杂念

那么，不让多余的事物映入眼帘，就"万事大吉"了吗？并不是这样的。遗憾的是，头脑中的杂念，以及牵挂的、介意的事情也会妨碍注意力的集中。

明明集中注意力了，但突然间在意的事情就会从脑海中一闪而过。用一句话概括就是，集中注意力也有一定的程度，无论怎么样都会出现这种情况，这也是没办法的事。

要是孩子的话，就会说："啊，今天播放了我喜欢的电视节目，怎么办呢？"

这时，应该让孩子事先整理一下。

在集中注意力之前，让他把在意的事情记下来，然后把它从脑海中去除。如果养成了这个习惯，就会变得非常轻松。

📖 不能无限制，一定要有时间限制

"将多余的事物远离视线，好好收拾一下！"这么说的话，孩子肯定会误解为这是整理东西的时间。

如果每次都重复去做的话，会花费很长时间。

当然，把不需要的东西全部收拾好，有助于集中注意力。但如果因为这个浪费时间的话，就得不偿失了。久而久之，孩子就会失去学习欲望。

因此，为了防止学习动力的流失，要将整理时间限定在"3分钟"以内。

把时间限制在3分钟之内，会更容易集中注意力，可以说是起到了助跑的作用。

有了这种助跑，孩子自己就会意识到要"从现在开始学习"！

平日里整理桌子和书包的学生，大多是能够自己集中注意力的一类。整理得好的孩子，肯定不会浪费多余的时间，注意力转换得也快。

首先，请养成在集中注意力前的3分钟内端正态度、营造环境的习惯。

5 【行动管理】
采取两种方法

📖 即便这样还是无法集中注意力的时候怎么办

只要安排好时间和环境，就能集中注意力。

然而，这里的对象是孩子，即使做到这一点也有可能不会顺利进行下去。

但是，只要在平时下点功夫，就能长时间集中注意力，发挥出高层次的水平。

在此，我将介绍两种通过努力提高专注力的方法。

📖 "先开始做不擅长的"这一理由是行不通的

第一个方法是**"从容易集中注意力的事情开始自由更换顺序"**。

如果想长期保持专注力，就从容易上手的事情开始做。从会做的或擅长的事情开始，就不会停下来。

对于容易对各种事情产生兴趣的孩子来说，最好是从简单的事情开始做。

例如，在让孩子学习或练习的时候，父母首先会想让孩子做自己不会或不擅长的事情。

在父母眼中，不管怎样都会注意到孩子的缺点，盛气凌人地对孩子说道："好不容易有时间，赶紧克服不擅长的事情！"

从旁观察的话感觉孩子貌似会了，但家长还是会觉得"我的孩子还是没做到"。

但是，如果让孩子从自己不擅长的事情开始做，那么学习动力和效率就会降低。这时会看见孩子离注意力集中的状态愈来愈远。

那么，让孩子从能够集中注意力去做的事情开始吧。**调整好顺序，让注意力持续集中。**

做好不擅长的事情，这虽然取决于事情本身，但还是需要花费一定的时间。

当你感到厌倦、注意力涣散时，可以适时切换一下，去做其他事情，以便保持专注状态。这可以让孩子自己判断。

如果居高临下地对孩子说"快去做"，就会妨碍孩子的学习劲头。

打击干劲就像打断集中的注意力一样。

请以孩子的自主性为基础，让他自由决定该做什么，并自由搭配。重要的是，让孩子按照喜爱程度、有利于注意力集中的顺序不间断地努力学习。

📖 面对不擅长的事物，"气势"很重要

那么，需要花费多长时间呢？

在时间管理中也提到过，为了让孩子能够长时间集中注意力，有必要事先划分好时间。

例如，假设你有3个小时的休息时间。

于是，很多父母会在这个时候让孩子做平时不会去做的事情。

对孩子说："那么，从现在开始坚持3个小时吧！"

然而，这样是非常危险的。

即使孩子坦率地回答"嗯，知道了"，他们的内心也会是"唉……"这样难以平静。

这也难怪，对孩子来说，3~4个小时是很长的时间。以学校的课程来说，相当于4节课。

而且，反复练习和学习往往很枯燥，对孩子来说则是双重打击。

因此，至少要体察一下孩子的心情。

首先要让孩子心情愉快地开始学习，以便他能够集中注意力。

在刚才出现的"唉……"这种情况下，是没有兴致做下去的。

让孩子做自己擅长的事情，做自己想做的事情，让他随心所欲。刚开始的时候不必在意时间。

假设把3个小时分成3组1小时，那么2组（2小时）也好，3组（3小时）也好，都是把所有的精力都用在自己喜欢的事情上。

重要的是让孩子自己意识到"即便是长时间也能集中注意力"。

迄今为止，大概有过三四个小时埋头去做某件事的经历吧。虽然是有意识地去做，但能让孩子发现自己可以集中注意力。

大人眼中微不足道的小事，在孩子看来却与自信息息相关。

出乎意料的是，孩子并没有经历过只做自己擅长的事就行。因为一定会有大人的"再等等"。在学校里也是如此。

因此，即使想让孩子学习不擅长的科目，也可以从擅长的科目开始。这样做的话，就能保持学习动力。

学习劲头十足，学习动力持续，身体和大脑也会习惯，注意力也会更加集中。

一旦有了集中精力解决问题的自信，就能让孩子上升到更高的阶段。

让孩子萌生自我意识，培养用大脑思考的能力。

孩子会感觉到："只学自己喜欢的语文，这可不行啊。偶尔，是不是也应该试着做一下不擅长的算术呢？"

虽然听起来不太像是真的，但孩子的成长有时会远远超出我们大人的想象。

一开始气势汹汹地说道："一定可以集中注意力！"一旦具备这种自信，就能让人看到其真正的成长。

实战是集中注意力最好的平台

📖 若是想着"我家孩子，没问题吗"

第二点是**"学习的话就参加考试，运动的话就参加比赛"**。

例如，看看孩子，明明花了很多时间，却感觉没有取得与之相应的成果，有没有出现过这种情况呢？

"虽然很努力，但还是无法集中注意力吗？"

这种情况反复出现的话，会持续产生负面的连锁反应。

即无法集中精力，却一直埋头于工作中。因此，要采取手段，防止陷入这种一成不变的怪圈之中。

也就是说，**置身于实战场景中，强迫自己集中注意力。**

举个具体的例子，如果是准备考试的话，就要不停地参加模拟考试；如果是运动，就积极参加比赛（大会）；如果是音乐，就积极参加竞赛和发布会等。

伴随着紧张感的话，即使放在一旁也不得不集中精力认真对待。不论谁应该都经历过类似的情形。

例如，你是否有过在考试前一天通宵达旦拼命学习的经历？

处于一种走投无路的状态之下。也可以说是刻意设定与此相同的环境，让孩子切身感受到紧张感。

因为结果是必然的，所以也有可能伴随着挫折感，但从实战中可以学到很多东西。

像自己的弱点、完成程度、下一个目标的动力等。

了解平时不会注意到、不会感受到的事情，切身体会到专注的重要性。

📖 与十次练习相比，更应该从一场比赛开始学习

击球练习场的球和比赛中投手投出的球完全不同。

如果是击球练习场的话，球就会落在容易打到的地方。

因为速度是一定的，被控制着，所以可能有利于练习挥杆和捕捉击球的手感。

但是，很多事情不参加比赛的话是不会知道的。

速度时快时慢，抓准时机也相当困难，是变化球还是直线球，躲避不了而被球打中，这些情况都会出现吧。

由于紧张感和认真程度与练习时不同，专注力的发挥方式当然也有所不同。

一场比赛胜过十场练习。通过实战得到的经验远远大于在练习中得到的。

只要有了专注于某一点的经历，接下来该如何处理的日常工作就会从积极的意义上发生变化。

这虽然只是体育上的例子，但其他的情况也是一样的。

我是一名考试讲师，所以经常会收到学生们在考试期间应该参见哪个模拟考试，从什么时候开始参加考试等的提问和咨询。

"补习班和预备学校会说'参加考试，一定要参加'，但实际情况如何呢？"

实际上，我的回答也是"要参加"！

前面也说过，让人感觉更紧张、身临其境的实战性考试，是规定时间内集中注意力的练习。

通常情况下，小学生参加的面向中学考试的模拟考试也需要3~4个小时。

在这里获得的经验，会成为今后成长的坚强后盾。

模拟考试的意义并不是对着答案重新做一遍，看着成绩表说"好，结束了"这样轻松的事情。

"为什么做不到？"

"为什么放松了？"

根据在极度集中注意力的状态下获得的感觉，回顾之前的学习策略，至关重要。

最近，马拉松选手川内优辉转为职业运动员。他用独特的训练方法，取得了惊人的成绩。

那就是"在比赛中练习"的方法。

因为之前是公务员，平时没有充足的练习时间，所以不论规模大小，不论国内外，他都会去参加周末的比赛，并且全力以赴。

我认为这是非常合理的训练方法。

既是比赛，也是练习。

在和其他选手一起跑步这样紧张感十足的比赛中，磨炼在练习中难以把握的感觉，使之成为最高级的练习。

对于在长时间学习中注意力不集中、精神涣散的孩子，建议尽可能让他去挑战实战性的考试。

但是，那时请不要一味追求结果。

要注意，如果不把它当成练习的一个环节来考虑的话，孩子就会退缩。

第 5 章

想让孩子集中注意力，
父母应该怎么做

1 父母应该采取怎样的互动方式

📖 父母是"良好的陪跑员"

父母会被问到如何去要求孩子集中注意力。

对孩子来说，父母应该是怎样的存在呢？

不同于指导和斥责，如果父母采用压力过大的方式与孩子接触的话，孩子就会产生厌恶感，不知不觉就会陷入被动，也就是"被迫"的状态之下。

这与需要积极向上的专注状态完全相反。

从这个意义上来说，**父母还是应该成为孩子良好的倾听者、陪跑员，而不是强有力的独裁者。**

不要离得太近，也不要离得太远，保持绝佳的距离感尤为重要。

如果说些让孩子听了翻白眼的话，一直在旁边待着，孩

子就无法集中注意力去学习。

另外，在父母视线之外的地方，孩子那种适度的紧张感也会消失。

我在学生时代做过家庭教师的兼职，在这期间，我产生了一个无法理解的疑惑。

那就是老师就在学生的旁边，一直盯着（监视）这种行为。

而且每次都需要2~3个小时。

如果我是孩子的话，我会感到很为难，无法集中注意力。

被人盯着看自己解题的样子和内容，我会感到不好意思，而且有些讨厌。既不能随意地抬起头来，也会因为被问到"你在看哪里"而分散注意力，这样一来就不利于集中注意力。

关于这个问题，我之前问过某升学补习班的数十名学生，半数以上的学生都回答："非常讨厌别人一直在旁边盯着看。"

比起"是谁在旁边"，更讨厌的是"靠自己太近"。

但孩子是一个矛盾的存在，若是旁边一个人也没有，他又会感到不安。

有一次，让留下来的几名学生在一间教室里做题，我担心要是学生们介意我的存在，就无法集中注意力，所以为了不进入学生们的视野，就守在了教室的后面。

于是，开始还好，但渐渐地，有几个孩子抬起头来环视四周。

但他们并不是有事找我，只是因为没有看见刚刚还在的老师，像是在询问"老师在哪里"这样，仅此而已。

当然，也有学生说："我做出来了，你看！我不太懂，所以想请教一下！"不过大多数学生是在确认我的存在。

学生确认了我在稍远一点的地方，然后默默地集中注意力做题。

只要表明自己的期望，什么也不说就待在一边，孩子就会自然而然地集中精力学习、运动，家长要是这么想的话就非常值得庆贺。

但现实问题是，并非所有人都是这样。

不知不觉就看不下去自己孩子的模样，忍不住伸手去管，或者开口训斥，这样的日子应该在持续上演着吧。

究其原因，大部分都是因为"孩子没有按照自己（父母）的想法去做""如果一直在旁边看着，孩子就永远什么都不做"。

父母可能会因此而感到痛快。但是，孩子一定会觉得，当时是被迫忍耐的。

如果孩子因为父母的原因而行动，那就没有意义了。

孩子的成长离不开父母。但是，这个过程是以孩子为主的。

有时会有人坚持说"孩子能走到这一步，都是我的功劳"，但这应该是长大后的孩子说的话。父母可不能这么说。

在各方面都能耐心守护未成熟的孩子的最重要的存在，就是父母。而父母最好能和自己的孩子保持一种合适且绝佳的距离。

父母应该发挥什么样的作用

📖 理想的关系是大雄和哆啦A梦那样

想让孩子集中注意力。

这时，父母应该意识到自己究竟发挥了什么样的作用呢？

那就是**在背后默默支持着，让作为主角的孩子熠熠生辉。**

这么说来，可能会有"父母必须得什么都做吗"这样的负担，但事实并非如此。

前文已经说过了，只要注意营造一个能让作为主角的孩子安心专注的环境就可以了。

就像前一节说的那样，距离不要太近，孩子们会感到些许不安。仅仅是这样，就会妨碍孩子集中注意力。

但是，越是这种时候，为了让孩子集中注意力，父母就越要成为孩子最好的倾听者，让孩子放心。

不懂的时候会告诉我。

困难的时候会帮助我。

可以随心所欲地共享时间。

也就是像大雄和哆啦A梦一样的距离感。和哆啦A梦在一起的大雄有时坚强，有时积极。

使用和眼睛相配的道具时，大雄发挥了前所未有的专注力。

能够建立这样的关系，是因为大雄对哆啦A梦感到十分放心。

这正说明，**人正是因为安心才会产生依赖。**

也可以说是因为可以依靠，所以才可以放心。

再重复一遍，父母要是想让孩子依赖自己，就得做一个良好的倾听者。

但是，不能对孩子的任何要求都答应，让其任性妄为。

娇纵和教育是不同的。

有时严厉管教，有时耐心倾听孩子的意见。

如果父母能像这样成为最好的倾听者，毫无疑问，一定能创造出让孩子可以集中注意力的环境。

只要是有安全感、值得信赖的人提出的建议和意见，就不会不听。更何况是父母，难道不会更加这么想吗？

如果孩子觉得父母说的话是为了自己好，就会去倾听，有时也会提出建设性的意见。

📖 父母要做的不是"完美"，而是给孩子"安全感"

很多父母认为"自己不做点什么的话，就会……"，自我包袱过重。虽然想自己去做，但结果总是自己做不好，不得不求助于别人。

我作为一名考试咨询师，"希望能早点来咨询……"这样的案件堆积如山。

从我受理的案件数量来看，世上处于烦恼中的父母数不胜数。

如今，育儿和教育涉及许多方面。

光靠父母去解决一切，几乎是不可能的。因此，父母没有必要做到完美。

前面说到的哆啦A梦，虽然提供了能让生活焕然一新的道具，值得信赖，但也并不是完美的。

不过，这样就很好。**虽然不是完美的，但总能让人安心，一直作为优秀的倾听者陪伴在身边，这一点至关重要。**

父母绝对不可能干涉孩子的所有成长。

如果真想这么做，不知不觉就变成了"控制"。但是，那样是最糟糕的。对孩子来说，这种关系无法产生共鸣。

当孩子从学校回来时，要是神情与平时有些不一样的话，妈妈就会追问孩子。

要是问不出来的话，就会去问班主任，或者问朋友或其他同学的妈妈。

还是解决不了的话，妈妈就会想着让爸爸替我去问吧，爷爷、奶奶、亲戚都可以。与补习班的老师商量也是一种方法。

如果父母感到"自己一个人的话有点困难……"，可以去拜托能够代替自己的人。

完全没必要独自承担，独自烦恼。

父母应该采用怎样的传达方式呢

父母的愿望是否会强加在孩子身上

前文介绍了各种集中注意力的方法。

即便如此，也有人会烦恼如何把介绍的这些方法传达给孩子吧。

虽然表达方式有很多种，但除了目前为止的方法以外，还有一个比较快捷的方法，那就是让孩子近距离地看到父母真正集中注意力的样子。

就像前文提到的，对孩子来说，父母应该是优秀的陪跑者，是孩子非常依赖的存在。

幼儿刚开始学习的时候，是妈妈，有时是保育园、幼儿园的老师先给孩子做示范。

很多孩子对未知的事物表现出兴趣，所以会像父母一样模仿，然后得到表扬，开心地学自己不懂的东西。

这里有个例子，恐怕没有父母会对正在画画的年幼的孩子生气地说："为什么画不好呢？"

但是随着年龄的增长，父母的要求就变成"自己能行吧""你自己做"这样，会变得严厉。

这在孩子看来，就像是被父母一下子抛弃了一样。如果有兄弟姐妹，也会有被比较的感觉吧。

当然，随着孩子的成长，相处方式也会发生变化，这是没办法的事。但即便如此，孩子的接收方法也会因人而异。

"因为是这个年级。"

"都这么大了，可以做到的。"

"这还早着呢。"

这些都是父母自己的判断。

更进一步说，是父母把自己的愿望强加给孩子。

即使日常生活很忙，不可能做到完美，但也要抱着尝试去理解的态度。

父母总会说"对我家孩子来说这个太早了""太晚了"等。目前为止，这样的家长我见过很多。

这样说的心情也不是不能理解，但在此之前，请多关注一下孩子。

需要注意，这并不是商品标签上写的"对象年龄"。

那个标签仅供参考。**重要的是要经常思考一下对自己的孩子来说意味着什么。**

打个比方，孩子从幼儿园升上小学后，父母会强行要求他进入下一步的学习阶段。即使对孩子来说有些困难，但父母也会想着"希望孩子能做到"，把"应该能做到吧"这种想法强烈地传达给孩子。

但是，如果希望孩子这样做的话，**首先父母应该在旁边给孩子做榜样**。话虽如此，但也没必要和孩子一样学习。父母可以自己安排时间，让孩子看到父母集中注意力的样子就行了。

每天在固定时间里读书。

每天在固定时间里看报纸。

也可以每天学习专业知识。

如果你对孩子的学习内容感兴趣，也可以试着解答与孩子相同的问题。

不仅是态度，如果能让孩子不断感受到时间的充实感与成就感的话，对孩子来说一定会是最好的榜样。

孩子在旁边看到父母集中注意力的样子时，会想着"自己也在这段时间里学点什么吧""看下自己喜欢的书吧"。

这样的话，就会有很安静的一天。

有一位爸爸对我说："孩子看到我每天晚上在客厅里忙着做带回来的工作，好像只有在这时，他才会默默地在我旁边学习。"

在这段时间里，孩子不需要任何人说，就投入了学习之中。这个孩子的成绩从那以后就慢慢稳定下来了。

但是，有一点值得关注，那就是只给孩子展示一两天的话就没有效果。

这是理所当然的，正因为坚持，才能传递给孩子。

4 父母不应该做的事是什么

📖 不可以一切都冠"为了孩子"之名

可能会经常听到，为了提高孩子的专注力，"父母必须得这样做""这么做不利于孩子"之类的话。

但是，父母不可以做的事情并不像社会上说的有那么多。

一定要列举的话，有以下两种：

· 由父母决定一切
· 把孩子和同龄人进行比较

现在的爸爸妈妈都太过于"为了孩子着想"，对孩子百般照顾。

但是，这样做可能会剥夺孩子的意志和自由。"希望自己的孩子也能做到这样""希望孩子也能变成这样"，虽然能理解父母的这种心情，**但稍微安静一点，在背后默默地守护孩子也很重要。**

例如，在孩子学习时，如果家长单方面地发出指令"快做这个""快做那个"，孩子就不明白这么做的理由和意义，不能继续学习。

即使孩子按照家长说的去做，但要是觉得难以接受，就不利于孩子的成长。

我以前指导过的一个学生的母亲就是典型的例子。

她替孩子做了一切决定。

包括补习班和学校在内的日程安排、做作业的方法、记笔记的方法、带的文具用品、学习计划等。甚至还有观看的电视节目，学习任务，理想院校以及将来的职业……

当然，"热心于孩子的教育"这句话听起来或许不错，但关心过度的话就会背道而驰。这已经不是教育，而是父母的支配。

我问她："为什么你总是替孩子做决定？"她回答道："别的孩子都能做到，但我的孩子却没有做到，这样下去会产生差距的。"就是说，无论如何都不能输给其他孩子。

但是，"别人是别人"，"做好自己"就足够了。

除了相同的年级、相同的年龄，其他的都不一样。

生活环境和生活节奏不同，孩子的成长速度也不同。

即使夫妇两人，在育儿方面产生了意见分歧，也得注意要采取正确的态度对待孩子。

如果父母太过强势，孩子就会像机器人一样唯命是从。

或许也有"成功的例子"。

但是，粗略一看是有的，实际上只局限于极少数的孩子。

有些家长会骄傲地坚持"精英就是这样培养的"！但我看到的结果是，有许多孩子最终都被压垮了。

父母和孩子并肩而行，或者在孩子身后守望，固然可以，但不要总是站在孩子的前方，盲目指挥孩子往前走。

5 如何建立亲子信任关系

📖 建立亲子之间的规定

在今后漫长的人生中，必须教给孩子各种各样的技能。虽然会在学校等社会生活中逐渐培养起来，但父母也是很重要的存在。

培养专注力的时候也是如此。

父母的支持对孩子来说是非常必要的。要想做到这一点，亲子之间必须建立起牢固的信赖关系。

这里关键在于，**父母在帮助孩子的时候，不要明显地让孩子感到"你正在帮我"**。

一旦孩子这么想的话，他就会立马陷入被动之中。

如果处于被动之中，不仅效果会减弱，甚至会产生相反的作用，这一点值得关注。

以协助的态度去帮助孩子，这是对待孩子的正确方式。

虽然很难，但帮助过多也不行。

这是溺爱孩子、优柔寡断的表现。因为一旦习惯了父母的帮助，孩子就会误以为这是理所当然的。

迄今为止，我观察过很多学生，发现被溺爱的孩子很有可能会给周围的人添麻烦。

因为觉得周围的人一定会允许自己任性，所以不会遵守规定。

若是父母和孩子之间没有立下规定，孩子会逃避不喜欢的事情，做出很多冲动的行为，不断和其他学生发生矛盾。

有时甚至会成为被欺负的对象。

很多孩子对成绩也很焦虑。比起能力和学习方法，注意力容易分散，无法长时间处于专注状态的孩子相当多。

只要看一看家长，就大致知道原因了。

父母在关键时刻没能严厉地训斥孩子，也没让孩子遵守一定的规则。

简而言之，就是孩子没有被管教。

现在，请重新审视下亲子关系。

不用思虑过多，**首先要制订简单易懂的亲子约定，然后让孩子遵守**。

为什么必须得遵守这个约定，要把理由也一并告诉孩子。

不要没有任何解释和说明，就单方面地强加于人。

另外，为了让孩子遵守规则，父母和孩子应该一起制订规则。

通过一起思考，孩子会产生自觉的意识，这样就不会成为单方面"遵守"的规则。

一起思考的话，孩子也会展示出自主性，以便提出意见和想法。

这时，一定不要忘记父母也得遵守规则这个大前提。如果想让孩子"做某事"，父母首先必须要以身作则。

对于与孩子的约定，父母要严格要求自己，不要偏离主要目的。在生活的所有场景中，都存在着父母和孩子能接受的约定，理想状态是每天都要遵守。

这样一来，信赖关系就会慢慢建立起来。

不要找借口说"要是再小一点的话可能会这样，但我家孩子……"

陌生人可能很难做到，但亲子之间应该没问题。

可以建立起更胜于以往的信任关系。因为，父母的力量比什么都重要。

第 6 章

通过插图可以看出，
专注力的差异所在

案例1　坐在教室的哪里（补习班、学校）

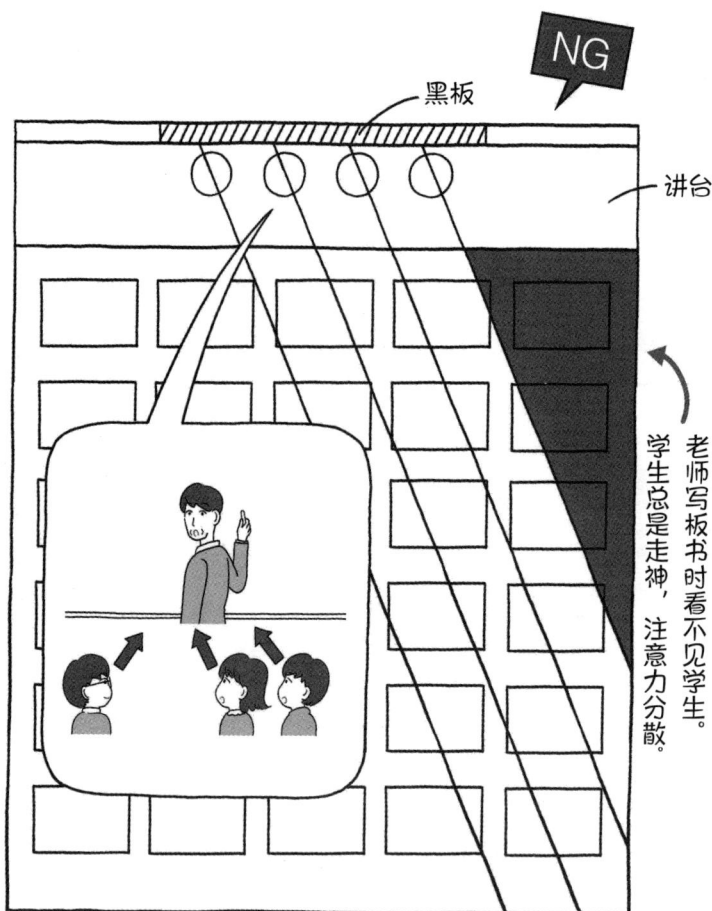

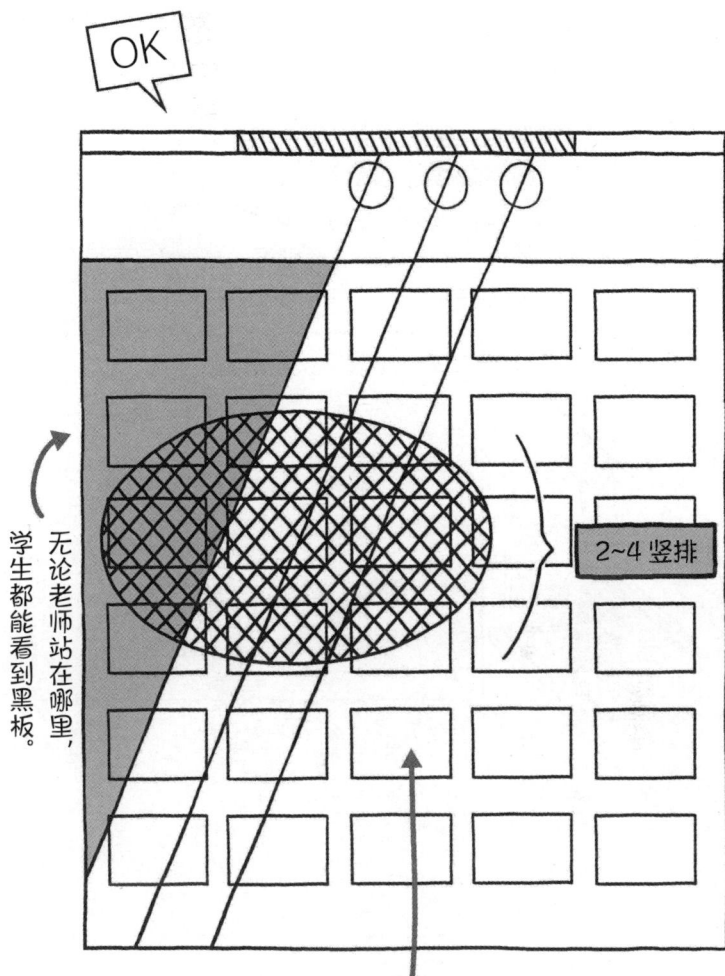

案例 2　能否先采取行动

例如，在补习班、学校或图书馆自习的时候，首先想着有空座位的话，哪里都行。不考虑是否有效率就坐在那里了。

NG

坐在一眼就能看见时钟的位置，很容易分散注意力。

很少有人会意识到，这样会不会妨碍注意力的集中？

例如，在补习班、学校或图书馆自习的时候，考虑到坐在哪里自己能更集中精力（进展顺利），然后选择座位。

OK

看不见时钟的位置

首先考虑到包括时间和环境在内的因素，主动采取行动。设法让自己在任何场景下都能集中注意力。

案例3 高效的板书书写方法

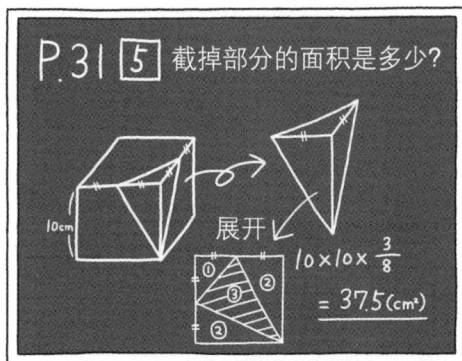

P.31 5 截掉部分的面积是多少？

10cm

展开

$$10 \times 10 \times \frac{3}{8} = 37.5 \, (cm^2)$$

NG

集中注意力将板书完整摘抄在"书写内容"之中。而另一方面，由于在"听课"方面注意力不够集中，导致学习质量不高。

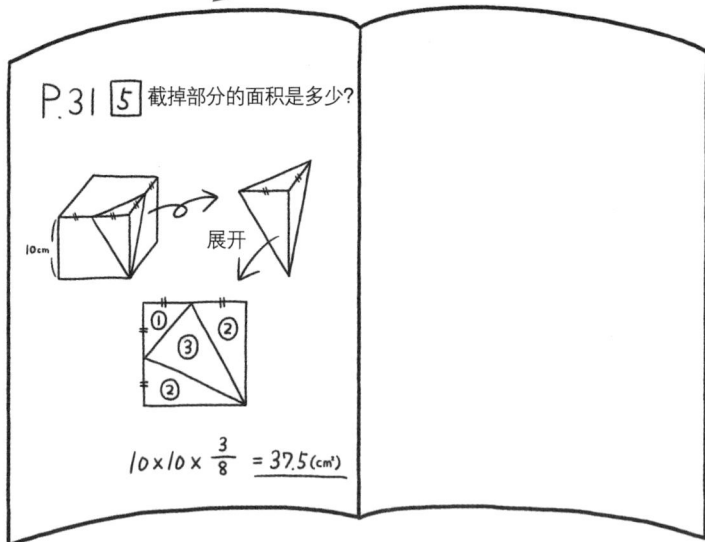

P.31 5 截掉部分的面积是多少？

10cm

展开

$$10 \times 10 \times \frac{3}{8} = 37.5 \, (cm^2)$$

OK

P.31 5 截掉部分的面积是多少?

10cm

展开

$10 \times 10 \times \dfrac{3}{8}$

① ② ③

$= 37.5 (cm^2)$

写下复习重点、注意事项等。

尽量省略多余的图形和语言。课本里有图！

页码栏

P.31

5

① ② ③

10cm

10cm

10cm

马上记下来老师说的话→正方形

正方形

用自己的语言写下来的话，复习的时候，就会重新回想起课堂时的情景。

$10 \times 10 \times \dfrac{3}{8} = 37.5 (cm^2)$

在注意力的分配上，"写＜听（理解）"。

案例 4　思考时的思维差异

NG

四处张望。
摆弄文具用品。
走神。

不思考

无法集中注意力的孩子

无法解出来

因为不会，所以解不开题目

= 没有答错的勇气！害怕做错！

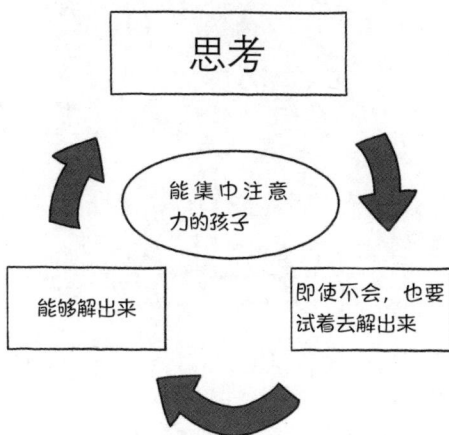

案例5　向老师提问的方法

NG

老师，我不会做 × × 页的第 × 题。

好的，好的。
（嗯嗯，嗯嗯。）

好的，明白了。
（嗯嗯，知道了。）

这是一种在形式上只希望老师给出答案或解题步骤的提问方式。学生仅仅满足于提问这一行为。因为不知道自己想听什么，所以没有集中精力去听。

第一个问题的内容是具体的。因为是自己真正想知道的事情，所以能够集中精力去听老师讲。第二个发言是在提问过程中，学生自己对疑问马上作出回应。不集中注意力的话无法做到这点。第三种提问方式大多是学生经过深思熟虑发出的提问。

| 案例6 | 考试时的动力 |

NG

反正都是错的嘛……

从第一个题目开始按照顺序解题。没有深入思考，所以过早认为自己"做不出来"，即使是会做的题目，也很容易因为马虎而出错。

心不在焉

自暴自弃，对自己没有任何信心。

当然，"集中注意力＝用尽全力投球"，这样是行不通的。

并不开始反思造成结果的原因，而是寻找"借口"。

OK

从会做的、擅长的题目开始解答，踏踏实实地拿下每一分。在时间上获得主动权，用剩下的时间去思考之前没做的题目。

很好！一定可以得到满分！！

确认具体的分数目标和学习内容等，每个具备这些考试意识的学生都能在考试中发挥最优越的专注力！

案例7　上课时的表情差异

NG

因为没有自信，所以想全部抄在笔记本上。

做好了记在笔记本上的准备。

不擅长集中注意力的孩子的表情非常糟糕！

有不安和动摇，过于认真→不能适当休息→不擅长切换状态→注意力涣散→凡事都追求完美→陷入不安。

把记笔记作为学习行为，愿意为其花费时间。

能集中注意力的孩子表情丰富，游刃有余。

很少出现不安和迷茫→善于切换状态→有很多喜欢做的事情→发挥最优模式→有人在旁边看的话注意力会更加集中。

将解题作为学习行为，愿意为其花费时间。

案例8　孩子在课前准备上有所差异

被其他事情分心而扰乱注意力的集中。而且，缺乏专注力的学生会准备不需要的东西。

不能在上课前准备好，因此总会慢于其他同学。而且，缺乏专注力的学生会准备不需要的东西。

上课前准备了需要的东西。

做好准备的话，时间上和精神上就会游刃有余。
能做好准备的学生，已经规划好了自己的日常学习生活。

案例9　上课时对老师的态度

NG

反正我不喜欢这个老师……

一直在闲聊，都不好好上课……

议论纷纷

态度容易变得不端正。一旦有了可以一起吐槽某件事的伙伴，从那一瞬间开始就无法好好听课了。毫无疑问，注意力会分散。

成绩好的学生因为注意力集中，所以在每一节课上都能有所收获。而且，闲聊也有利于记忆，发挥着积极的作用。

| 案例10 | 对补习班和学校的热情 |

NG

那么,你今天休息吧!

好累啊,没有精神,不想去学校……

嗯嗯，休息一天!

纵容

↓

使小性子就
可以休息

↓

休息打乱
学习节奏

↓

将学习任务往后推

↓

结果,跟不上节奏,
自暴自弃，进而失
去学习欲望。

OK

好累啊，没有精神，不想去学校……

休息一天也可以，但是上课会听不懂的吧？你自己决定吧！

成绩优秀、注意力集中的孩子对中途休息非常敏感。

知道了！我再试着坚持一下！

给予选择，让其决定

↓

"休息"的想法消失不见

↓

成为"不缺席的学生"，加入优秀孩子的行列

153

案例11　长时间集中注意力时的时间管理

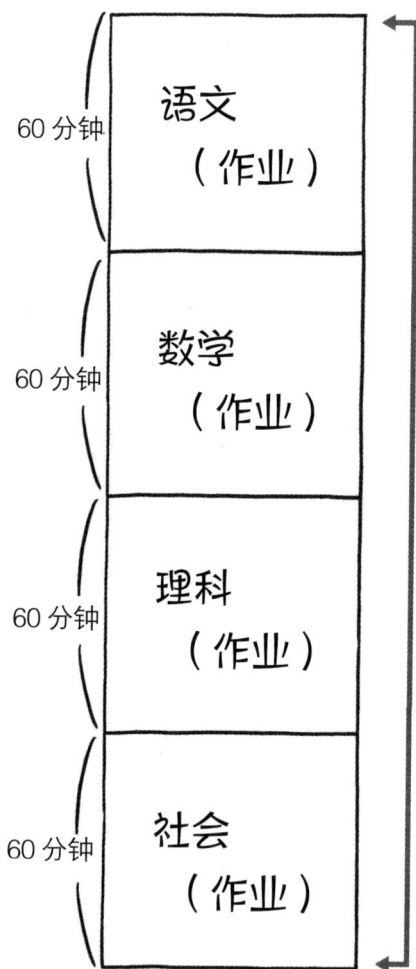

NG

60 分钟	语文（作业）
60 分钟	数学（作业）
60 分钟	理科（作业）
60 分钟	社会（作业）

突如其来的 60 分钟，刚开始还好，但慢慢就会感到累。因为没有明确地说明休息时间，所以很难集中注意力，只好磨磨蹭蹭地完成。

假设每次休息 10 分钟，那总共就算 270 分钟。

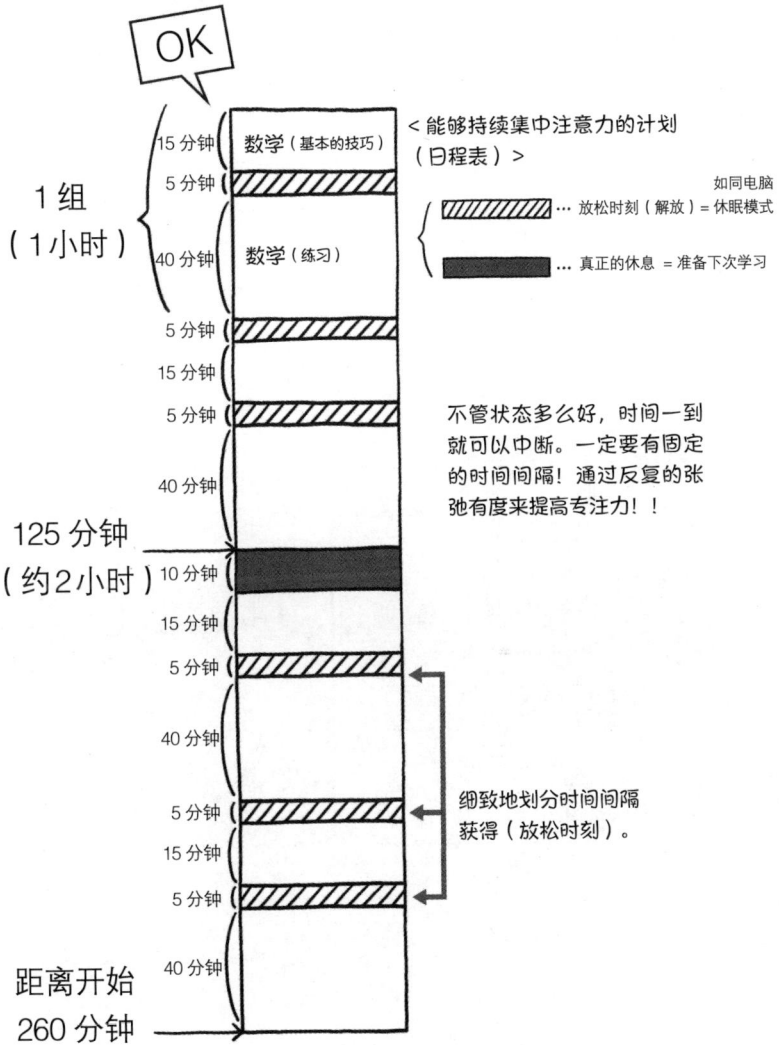

OK

15 分钟　数学（基本的技巧）

5 分钟

1 组
（1 小时）

40 分钟　数学（练习）

5 分钟

15 分钟

5 分钟

40 分钟

125 分钟
（约 2 小时）　10 分钟

15 分钟

5 分钟

40 分钟

5 分钟

15 分钟

5 分钟

距离开始
260 分钟　40 分钟

〈能够持续集中注意力的计划
（日程表）〉

如同电脑

… 放松时刻（解放）= 休眠模式

… 真正的休息 = 准备下次学习

不管状态多么好，时间一到
就可以中断。一定要有固定
的时间间隔！通过反复的张
弛有度来提高专注力！！

细致地划分时间间隔
获得（放松时刻）。

155

案例12　营造环境之孩子的房间

NG

运动员、偶像等的海报也是分散注意力的重要原因。不适合营造专注的环境。

母亲要是整理房间的话，孩子很有可能不会自主行动起来。即使处于需要集中注意力的情况下，也很容易陷入被动的状态。

OK

把"学习日期""专注时刻"
等贴在能看到的地方，就能激
发学习劲头。

＜学习日期＞
周一、周三、周五
＜专注时刻＞
17：00～17：30
＜游戏时刻＞
17：30～17：35

孩子自己把游戏机和玩具
等都收拾到箱子里，以免
分散注意力。

案例13 营造环境之客厅

母亲离孩子太近。
不要在孩子眼前玩手机。
也得整理好桌子上关于学
习以外的东西。

NG

不要让电视
和时钟进入
孩子的视野。

如果有兄弟姐妹，为了不影
响孩子集中注意力，应该让
他们在其他房间里玩耍。

OK

亲子间的距离感恰到好处。最好是母亲在能让孩子感觉到自己的存在，又不会让孩子分心的范围内做其他的工作。

为了不让孩子的视野受到干扰，要调整好座位、整理好桌子、营造良好环境。

案例14　营造环境之咖啡馆（自己家以外）

NG

避开距离空位较近的地方。如果不去在意周围人的目光，集中力就会在某个地方突然中断。

尽可能地只放置能集中注意力的东西在桌子上。要是孩子的注意力都集中在食物上，就不能很好地集中注意力。

OK

旁边有工作中的公司职员或学习中的大学生等，选择距离其他集中注意力的大人较近的位置的话，孩子更容易感受到专注的氛围。

母亲的注意力也会集中到手机以外的事物上，这样孩子也会主动意识到要集中注意力。

后记

"请集中注意力"，这确实是很奇怪的一句话。

"集中注意力"是第一人称的行为，所以我从孩童时期就想着"这应该是别人说的话吗"？

父母和老师都会忍不住对孩子说出这句话。

但是，大人即使会这么说，也知道这句话并不能起到什么效果。

尽管如此还要说这句话，是因为大人也有过童年，也被其他人这么说过。而且，也找不到其他合适的词语来代替。

这句"请集中注意力"和"好好学习"，应该经常会一起使用。这也就说明，在大人看来，孩子们并没有认真学习。

那么，是不是应该重新审视这种情况，不要说那种枯燥且无意义的话语了呢？父母的压力和烦恼骤减的同时，也能防止孩子学习动力的下降。

这就是我写这本书的初衷。

所谓"能够集中注意力"，就是增加可以重新发现自己能力的机会。

通过与新的自己相遇，孩子会更想要探寻自我。这样的良性循环会进一步提高专注力。

对于孩子们来说，没有比这更强大的武器了。

这并不是精神论，而是只要用心钻研学习方法，就能激发每个孩子与生俱来的专注力，而且这也会让注意力更加集中。

通过调整"时间""环境""行动"，不论是谁都能集中注意力。

我有二十多年从事考试讲师的经验。

不过，为了给学生们提供更好的指导，我每天都在不断探索。在日复一日的实践中，积累了很多经验，想要为忧心于解题思路，以及学习方式的家长和孩子，提供更加行之有效的方法。

最后，非常感谢我的学生们。正因为有着指导你们的经验，才得以完成此书。谢谢你们。

发自肺腑表达对你们的谢意。

州崎真弘

大脑的思维训练　解答解说

问题1

8+X=5+6

所以，X=3

8		6
X	5	

问题2

　　题目中最后一个数字不是8，所以有人会觉得"怎么会"？请大家注意每个数字相加的总和。

9+9+7+2=27

4+5+2+7=18

3+9+1+8=21

3+6+2+1=12

所以，○=12

（2+8+1+2=13）